GÉOMÉTRIE

SIMPLIFIÉE

ET APPLIQUÉE A L'ART MILITAIRE

PAR

M. LAPLAINE,

ANCIEN PROFESSEUR, AUTEUR DE L'ARITHMÉTIQUE SIMPLIFIÉE
ET APPLIQUÉE AU SERVICE MILITAIRE.

Ouvrage désigné par la Commission d'examen instituée par Son Exc. le
Ministre Secrétaire d'État de la guerre, comme pouvant être utilement
consulté pour l'enseignement dans les écoles régimentaires du 2ᵉ dégré.

(Décision ministérielle du 29 mars 1855.)

VEUVE BERGER - LEVRAULT ET FILS, LIBRAIRES,

PARIS,	STRASBOURG,
rue des Saints-Pères, 8.	rue des Juifs, 33.

1855.

GÉOMÉTRIE

SIMPLIFIÉE

ET APPLIQUÉE A L'ART MILITAIRE

PAR

M. LAPLAINE,

Ancien professeur, auteur de l'arithmétique simplifiée
et appliquée au service militaire.

Ouvrage désigné par la Commission d'examen instituée par
Son Excellence le Ministre Secrétaire d'État de la guerre,
comme pouvant être utilement consulté pour l'enseignement dans les écoles régimentaires du 2e degré.

(Décision ministérielle du 29 mars 1855.)

VEUVE BERGER-LEVRAULT ET FILS, LIBRAIRES,

PARIS, | STRASBOURG,
RUE DES SAINTS-PÈRES, 8. | RUE DES JUIFS, 33.

1855.

L'ouvrage se vend également :

Chez M. Laplaine, rue Childebert, 11, près la place
Saint-Germain-des-Prés,

A PARIS.

Il sera répondu immédiatement aux demandes faites par écrit, et les exemplaires
demandés seront expédiés sans délai.

STRASBOURG, imprimerie de veuve Berger-Levrault.

NOTE DE L'AUTEUR

ET

LETTRE MINISTÉRIELLE.

Une décision ministérielle notifiée, le 16 novembre 1852, à MM. les généraux et chefs de corps, porte que désormais il ne sera statué sur les propositions pour la sous-lieutenance qu'autant que ceux qui en seront l'objet auront justifié de l'aptitude et des connaissances nécessaires à l'autorité du grade qu'ils doivent exercer et propres à les entourer de la considération dont ils sont appelés à jouir dans le monde où l'épaulette leur donne accès.

Mais pour mettre les sous-officiers à même de remplir les nouvelles conditions qui leur sont imposées, et pour donner à l'enseignement l'uniformité qu'exige l'intérêt des études, Son Excellence le Ministre Secrétaire d'État de la guerre institua une Commission spéciale composée, ainsi qu'il suit :

Cependant quoi de plus facile à apprendre que la définition des lignes qui, par leurs ingénieuses combinaisons,
constituent la beauté et l'harmonie de nos monuments et
des places publiques? Quoi de plus important à connaître
que les procédés employés pour mesurer la surface et le
volume des corps, objets de notre admiration ou de nos
transactions de tous les instants?

Mais si l'étude de le Géométrie est nécessaire à tout le
monde, elle est indispensable à celui qui a embrassé la
carrière militaire avec l'intention de s'y créer un avenir
honorable et c'est pour répondre à un véritable besoin que
la Commission a établi pour cette faculté un programme
en recommandant avant tout la plus grande sobriété dans
les raisonnements.

Guidé par ce programme auquel nous nous sommes
conformé fidèlement, nous avons fait notre Géométrie en
puisant aux meilleures sources; mais nous avons principalement suivi Bezout, dont la marche aussi simple que ration-
nelle paraît se rapprocher le plus des vues de la Commission.
L'équité nous fait un devoir de dire que l'excellente Géométrie de Desdouits nous a été d'un grand secours pour
la partie pratique de notre traité ; nous lui avons emprunté
aussi deux ou trois applications qui, bien que ne se rapportant pas à l'art militaire, nous ont paru pouvoir être
de quelque utilité.

La Commission, pour de bonnes raisons sans doute, a
éloigné de son programme la propriété du carré de l'hypothénuse et la théorie des triangles semblables. Nous
avons pris sur nous d'indiquer la première sans la démon-

trer pour en déduire la construction de l'équerre de corde et celle du cordeau à perpendiculaire, d'un usage si fréquent en castramétation. Quant à la théorie des triangles semblables, nous n'en avons donné que juste ce qui est nécessaire pour préparer convenablement à l'étude du lever des plans. L'une et l'autre ont été imprimées en petits caractères comme documents accessoires et ne rentrant pas dans les prescriptions du programme.

Quoique dans la partie théorique du cours, nous n'ayons négligé aucune occasion de faire des applications à l'art militaire, nous en avons consacré la deuxième partie à la solution de questions essentiellement pratiques, se rattachant pour la plupart à la fortification, à l'artillerie, etc. Les données de ces questions sont réglementaires; nous les avons puisées, avec les développements qu'elles comportaient, dans le Manuel de l'Empereur et dans l'Aide-Mémoire d'artillerie. Étranger à l'art militaire, nous ne saurions trop invoquer l'indulgence des officiers d'élite auxquels est confiée la direction de l'instruction dans les corps et qui, nous en avons la certitude, compléteront un travail que nous n'avons pu qu'ébaucher.

En résumé, si, sans avoir agrandi le domaine de la science, nous avons facilité la tâche des professeurs et contribué aux progrès des élèves, nous croirons avoir fait un livre utile. C'est ainsi du moins que l'a jugé la Commission chargée de l'examiner et parmi les nombreux témoignages de satisfaction que nous avons reçus, nous nous bornerons à citer la dernière lettre ministérielle qui vient de nous être adressée.

Paris, le 17 avril 1855.

Monsieur, le Cours de Géométrie, dont vous êtes l'auteur, a été l'objet d'un nouvel examen de la part de la Commission chargée de me proposer un choix de livres pour les écoles régimentaires du 2ᵉ degré.

Je vous annonce avec plaisir qu'elle l'a jugé susceptible d'être utilement consulté pour l'enseignement dans lesdites écoles, et j'ai décidé que vous pourriez le faire paraître avec le sous-titre ci-après : *Ouvrage désigné par la Commission d'examen instituée par Son Excellence le Ministre Secrétaire d'État de la guerre, comme pouvant être utilement consulté pour l'enseignement dans les écoles régimentaires du 2ᵉ degré.*

Vous fournirez immédiatement deux cents exemplaires cartonnés de ce cours, et vous les déposerez à mon ministère *(Bureau des États-majors et des Écoles militaires).*

Le Ministre Secrétaire d'État de la guerre.

Pour le Ministre et par son ordre :

Le Général de division, Directeur,

Signé PEYSSARD.

TABLE

DES MATIÈRES CONTENUES DANS LA GÉOMÉTRIE.

PREMIÈRE PARTIE.

DEUXIÈME PARTIE.

COURS

DE GÉOMÉTRIE

EN 11 LEÇONS.

Rédigé d'après le programme établi pour l'enseignement dans les écoles régimentaires du 2° degré, et suivi d'une série de problèmes pratiques appliqués à l'Art militaire.

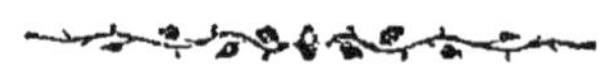

Ce cours ne consiste qu'en notions générales, en définitions et en mesures dont tout le monde peut avoir à faire usage dans toutes les positions de la vie.

Sobriété de raisonnement, preuves simples et claires des théorèmes énoncés, voilà la tâche des Directeurs pour ce cours.

(Journal militaire officiel n° 43, année 1853.)

1

PREMIÈRE PARTIE.

1re Leçon. Définitions.

OBJET DE LA GÉOMÉTRIE. POINTS, LIGNES, SURFACE, VOLUME. — DES LIGNES. LIGNE DROITE, LIGNE BRISÉE, LIGNE COURBE. — TRACER ET MESURER UNE LIGNE DROITE SUR LE PAPIER ET SUR LE TERRAIN.

CIRCONFÉRENCE DE CERCLE, CENTRE, RAYON, DIAMÈTRE. — DIVISION DE LA CIRCONFÉRENCE EN DEGRÉS, MINUTES ET SECONDES. — LE CONTOUR D'UNE CIRCONFÉRENCE EST ÉGAL A LA LONGUEUR DE SON DIAMÈTRE MULTIPLIÉE PAR 3,14.

---

1. *La géométrie* est la science qui traite de la mesure et des propriétés de l'étendue.

Un corps, quelque petit qu'il soit, présente de l'étendue dans tous les sens; mais on ne le considère souvent que dans trois sens principaux qu'on appelle *dimensions de l'étendue;* elles sont connues sous les noms particuliers de *longueur, largeur* et *hauteur;* au lieu de hauteur, on dit, selon les cas, *profondeur* ou *épaisseur.*

2. *Le volume* d'un corps est la portion de l'espace qu'il occupe. Un corps prend encore le nom de *solide.*

Cette figure, qui représente un cube ou dé à jouer, ayant les trois dimensions de l'étendue, longueur, largeur et hauteur, est un corps, un solide ou un volume.

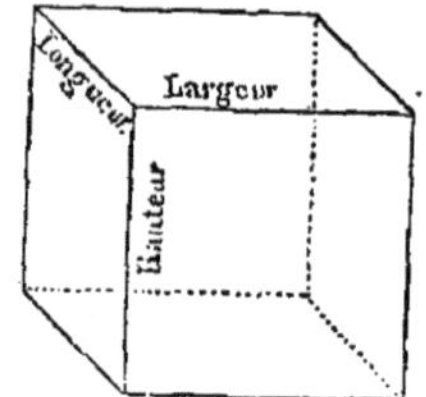

3. Une *surface* est le lieu qui sépare le volume d'un corps de l'espace environnant. C'est la surface d'un corps qui en détermine la forme ou la figure. Les surfaces étant dépourvues d'épaisseur n'ont que deux dimensions, longueur et largeur.

4. Une *ligne* est le lieu de l'intersection de deux surfaces. Les lignes n'ont d'étendue qu'en longueur.

5. Un *point* est le lieu de la rencontre de deux lignes. Le point n'offrant d'étendue dans aucun sens, n'a point de forme. On appelle encore points les extrémités d'une ligne.

6. On énonce : 1º un point au moyen d'une lettre ; 2º une ligne au moyen d'un nombre de points suffisants pour éviter toute ambiguité ; 3º une surface à l'aide des lignes qui la terminent ou qui y sont décrites ; 4º un corps à l'aide de la surface à laquelle il est limité.

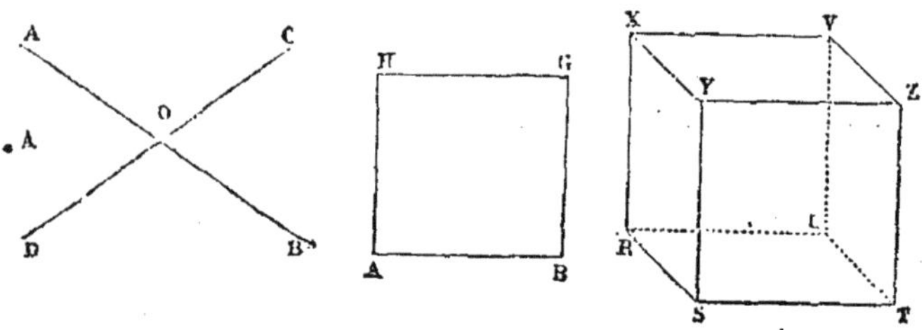

Ainsi, on dira : le point A.
Les lignes AB, CD, se coupent au point O.
La surface ABGH.
Le solide RSTUVXYZ.

Classification des lignes.

7. On appelle *distance de deux points* A et B la ligne la plus courte ACB, entre toutes celles ADB, AFB, qui les unissent. Le point C également éloigné des extremités A et B est le milieu de cette distance.

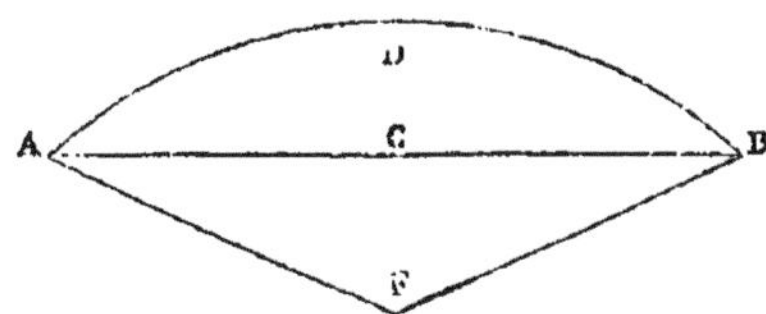

8. On distingue trois espèces de lignes : 1º *la ligne droite,* ou par abréviation *la droite; 2º la ligne brisée; 3º la ligne courbe.*

1º La ligne droite est le plus court chemin d'un point à un autre, telle que . . . . A

2º Une ligne est brisée quand elle est composée de plusieurs segments ou portions de droite , telle que ABCDE. . . . . .A

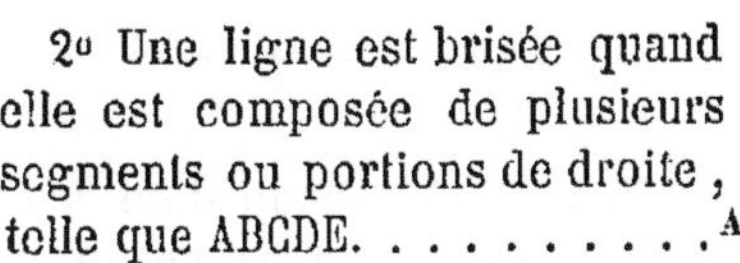

3º Une ligne est courbe quand elle n'est ni droite, ni composée de lignes droites, telle que HIJ . . . .

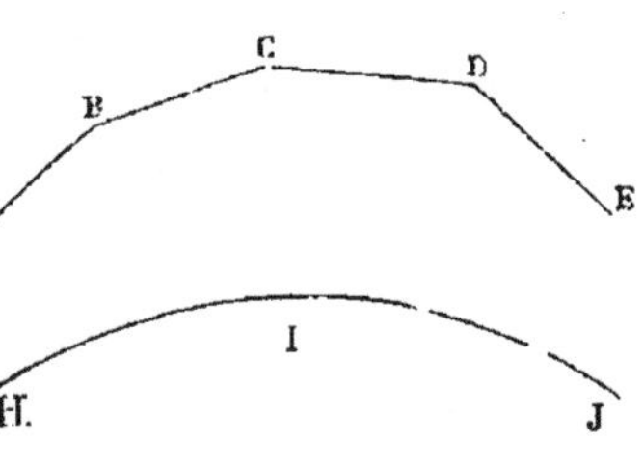

9. Pour faciliter l'intelligence de ce que nous avons à dire sur les lignes, nous supposerons que les figures dans lesquelles nous les considérerons sont tracées sur une *surface plane* ou sur un *plan.* On appelle ainsi une surface sur laquelle, prenant deux points à volonté, et joignant ces deux points par une ligne droite, la ligne droite se trouve tout entière dans le plan.

10. D'après cette définition, on peut vérifier si une surface est plane, c'est-à-dire de niveau, en tendant un fil qu'on y promène en cet état dans tous les sens. Les maçons appuient de cette manière sur les murs une règle qui représente une ligne droite.

Manière de tracer une ligne droite sur le papier et sur le terrain.

11. Pour tracer une ligne droite d'une étendue médiocre, comme lorsqu'il s'agit de conduire, par les deux points A et B, une ligne

A ———————————————— B

droite sur le papier, on emploie une règle qu'on applique sur les deux points A et B, ou très-près et à distances égales de ces deux points, et avec un crayon ou une plume qu'on fait glisser le long de cette règle on trace la ligne AB.

12. Quand il s'agit de tracer une ligne un peu grande, on fixe au point A l'extrémité d'une ficelle que l'on frotte avec un morceau de craie, et appliquant un autre de ses points sur le point B, on pince la ficelle pour l'élever au-dessus de AB ; on la laisse aller et elle marque, en s'appliquant sur la surface, une trace qui est la ligne droite dont il s'agit. On sait que ce moyen est fréquemment employé par les charpentiers qui débitent une pièce de bois en madriers.

13. Quand il est question d'une ligne fort grande dont les extrémités peuvent être vues l'une de l'autre, on se borne à marquer entre les deux extrémités de cette ligne un certain nombre de points. Par exemple, lorsqu'on veut prendre des alignements sur le terrain, on place à l'une des extrémités B

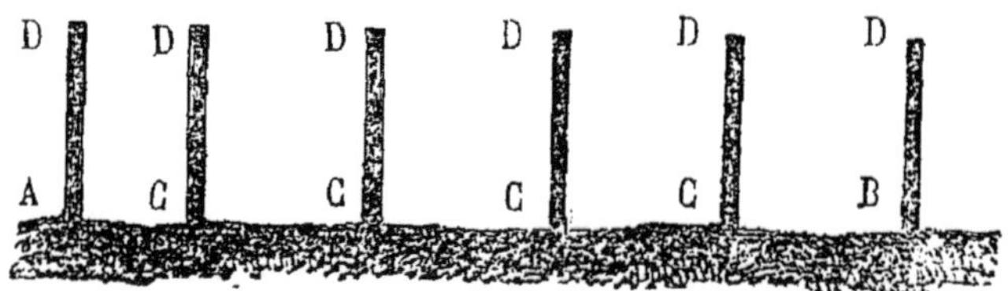

un bâton ou jalon BD, que par le moyen d'un fil à plomb on rend le plus vertical que l'on peut ; on en fixe un autre de la même manière au point A et, se plaçant à ce même point A, on fait placer successivement plusieurs autres jalons à différents points C, C, C, etc., entre A et B, de manière qu'en appliquant l'œil le plus près qu'il est possible du jalon AD, et regardant le jalon BD, celui CD dont il s'agit paraisse se confondre avec BD; alors tous les points C, C, C, etc., déterminés de cette manière, sont dans la ligne droite AB.

Cette opération se pratique journellement dans les manœuvres, dans les rues, jardins, bâtiments en construction. Il est inutile de faire remarquer que l'opérateur ne vise jamais ses jalons qu'avec un seul œil, l'autre étant fermé.

On s'y prendrait d'une manière semblable s'il s'agissait de prolonger la ligne droite AB.

Mesurer une ligne droite sur le papier et sur le terrain.

14. Les lignes se mesurent par d'autres lignes; mais, en général, la mesure commune des lignes est la ligne droite. *Mesurer une ligne droite, c'est chercher combien de fois cette ligne contient une ligne droite connue et déterminée que l'on considère alors comme unité.*

L'unité linéaire adoptée en France est le *mètre.* On appelle *décamètre, hectomètre, kilomètre* la réunion de dix, cent, mille mètres; les subdivisions du mètre sont le *décimètre,* le *centimètre,* le *millimètre....* Elles valent respectivement un dixième, un centième, un millième du mètre.

15. Pour mesurer une ligne droite sur le papier, on peut prendre au compas la longueur de la ligne à mesurer, et la porter sur une mesure solide, telle que le mètre; mais on remplace avantageusement ce procédé par l'usage d'un instrument fort simple appelé *double décimètre.* Le double décimètre est taillé en biseaux; sur les tranchants des biseaux sont marqués, d'un côté, les centimètres et les millimètres, et de l'autre, les anciennes mesures, pouces, lignes, etc. Sa forme le rend facile à appliquer le long d'une ligne dont on lit sur-le-champ la longueur; de même pour tracer une ligne d'une longueur voulue,

on n'a qu'à le placer sur le papier et marquer à vue le point que
l'instrument indique, comme devant être l'extrémité de cette
ligne.

On fait des doubles décimètres en buis, en cuivre, en ivoir;
c'est un instrument que les services qu'il nous rendra doivent
faire considérer comme de première nécessité.

16. S'il s'agissait d'une ligne
brisée ABCDE, on mesurerait
successivement les portions de
droite, AB, BC, CD et DE, et l'on
prendrait la somme des nombres
obtenus.

17. S'il s'agissait d'une portion de courbe OV, on la décompo-
serait en éléments OP, PQ, RU, UV, assez petits pour être consi-

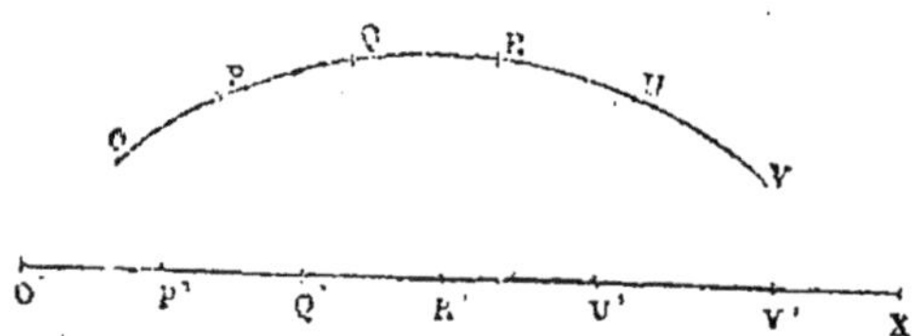

dérés comme des segments de droite; on porterait ensuite à
l'aide d'un compas ou du double décimètre ces éléments sur une
droite indéfinie O'X en O'P', P'Q', Q'R', R'U', U'V'. La droite
O'V' ainsi trouvée est sensiblement égale en longueur à la courbe
OV et, par conséquent, sa mesure peut être substituée à celle de
la courbe.

18. Pour opérer la vérification d'une courbe, on pourrait aussi
envelopper son contour d'un fil extensible, de manière qu'il soit
partout également tendu, et développer ensuite ce fil en ligne
droite.

19. Pour mesurer sur le terrain une ligne droite de médiocre
longueur, on porte le mètre sur cette ligne autant de fois que

cela est possible. Quand il y a un reste, on le mesure en le comparant au décimètre. On mesure pareillement le deuxième reste en le comparant au centimètre, le troisième, en le comparant au millimètre, et ainsi de suite, jusqu'à ce qu'on parvienne à un reste qui contienne exactement l'une des subdivisions du mètre ou qui soit assez petit pour qu'on puisse le négliger. Supposons pour fixer les idées que la droite AB

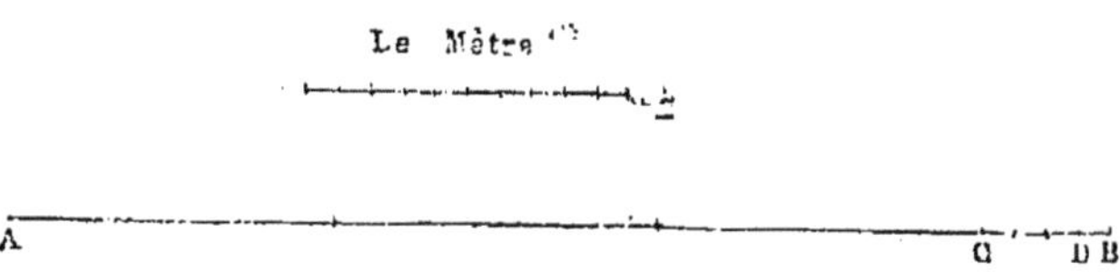

contienne 3 fois le mètre avec le reste BC, que BC contienne 3 décimètres avec le reste BD, que BD enfin contienne 8 centimètres ; on aura :

$$AB = AC + CD + DB = 3^m + 0,^m3 + 0,^m08 = 3,^m38.$$

Quand les lignes sont fort longues, on simplifie ce procédé en se servant de la *chaîne d'arpentage*. Cet instrument est composé de chaînons rectilignes liés pas des anneaux, et formant une longueur totale de dix mètres ; chaque chaînon à deux décimètres.

On peut encore se servir du *pas ordinaire*, du *pas géométrique*, qui est le double du pas ordinaire, et de la *brasse* qui est égale au pas géométrique, et dont on se sert dans la marine pour évaluer la longueur des cordages et les profondeurs qu'on mesure à la sonde.

On a vu en Arithmétique (p. 60) que trois pas ordinaires font à peu près deux mètres. Par conséquent, si l'on avait trouvé pour la mesure d'une ligne 600 pas, on en conclurait qu'elle a 400 mètres de longueur environ.

Définition et mesure de la circonférence.

20. De toutes les lignes courbes on ne considèrera dans ces élémens que la circonférence de cercle.

On appelle *circonférence de cercle* une ligne courbe tracée sur un plan dont tous les points sont également éloignés d'un point intérieur appelé *centre*.

La circonférence, en vertu de sa définition, ne cesse pas de coïncider avec elle-même, lorsqu'on la fait tourner dans son plan autour de son centre.

21. *Un rayon* est une droite qui unit le centre à un point quelconque de la circonférence. Il y a une infinité de rayons; tous les rayons sont égaux, puisqu'ils mesurent la distance du centre à chaque point de la circonférence.

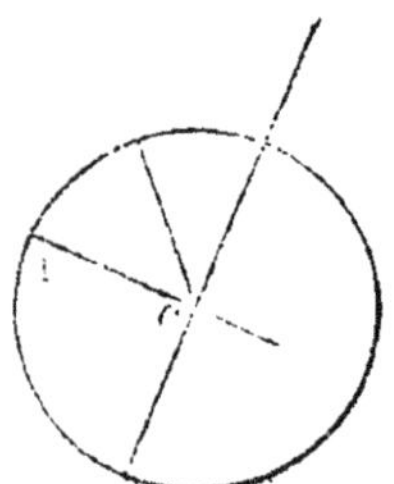

Selon qu'un point est extérieur ou intérieur à la circonférence, sa distance au centre est plus grande ou plus petite que le rayon et réciproquement.

On désigne ordinairement une circonférence au moyen de son rayon, en mettant la lettre du centre la première. Ainsi, circ. OA indique la circonférence décrite du centre O avec le rayon OA.

22. Un *diamètre* est une droite qui passant par le centre se termine de part et d'autre à la circonférence. Il y a une infinité de diamètres. Tous les diamètres sont égaux, chacun d'eux étant le double du rayon.

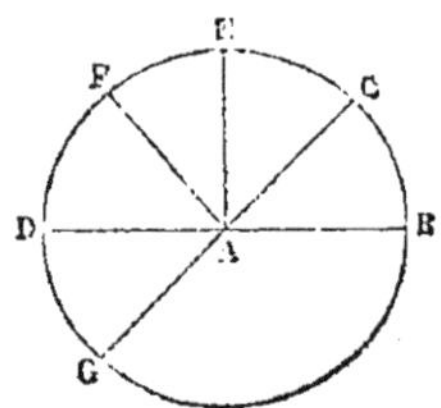

Il est évident que *tout diamètre partage la circonférence en deux parties parfaitement égales;* car, si l'on conçoit la figure pliée de telle sorte que le pli soit dans le diamètre DB, tous les points de la demi-circonférence BCEFD doivent s'appliquer sur ceux de la demi-circonférence DGB, sans quoi il y aurait des points de la circonférence qui seraient inégalement éloignés du centre, ce qui serait contraire à sa définition.

23. Une droite peut avoir trois positions différentes par rapport à une circonférence :

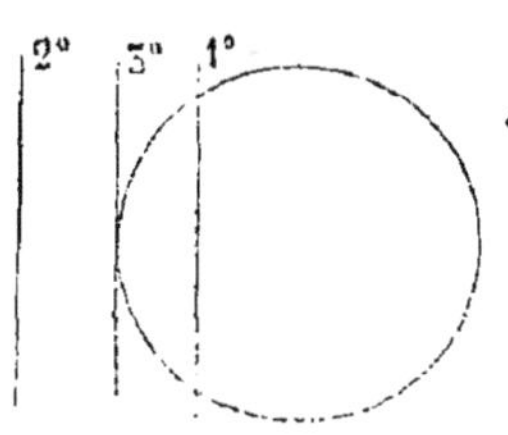

1° Elle est *sécante,* quand elle a des points hors de la circonférence et des points en dedans ; 2° elle est *extérieure* quand tous ses points se trouvent hors de la circonférence ; 3° elle est *tangente,* quand elle a un point commun avec la circonférence, et que tous les autres points sont extérieurs à cette courbe. Le point commun prend le nom de point de *contact* ou de *tangence.*

24. On appelle *arc* une portion quelconque de la circonférence, telle que ACB.

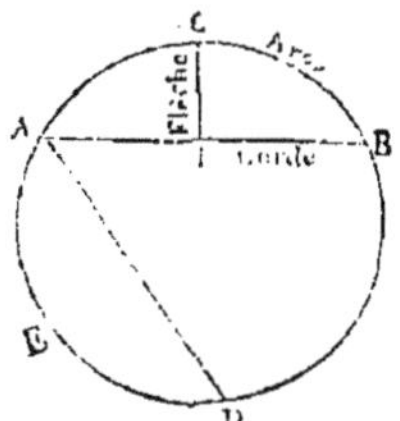

La ligne AB qui joint les extrémités de l'arc ACB se nomme *corde* ou *sous-tendante de l'arc,* et la ligne CI qui unit le milieu d'un arc et de sa corde s'appelle *flèche.*

On peut remarquer que la corde AB correspond à deux arcs ACB, AEB, qui, pris ensemble, forment la circonférence entière.

25. Il est aisé de voir aussi que *les cordes égales d'une même circonférence et de circonférences égales sous-tendent des arcs égaux et réciproquement ;* car, si dans la circonférence qui précède la corde AB est égale à la corde AD, en imaginant qu'on transporte la corde AB et son arc pour appliquer AB sur AD, il est visible que le point A étant commun et le point B tombant sur le point D, tous les points de l'arc ACB doivent tomber sur l'arc AED ; puisque, si quelqu'un de ces points ne tombait pas sur l'arc AED, l'arc ACB n'aurait pas tous ses points également éloignés du centre.

26. On appelle 1° *Cercle*, la portion de plan comprise dans l'intérieur de la circonférence.

 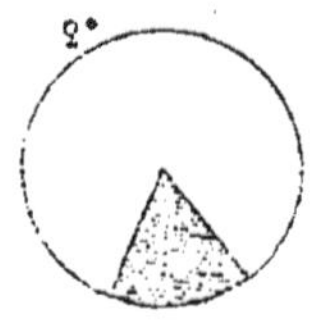 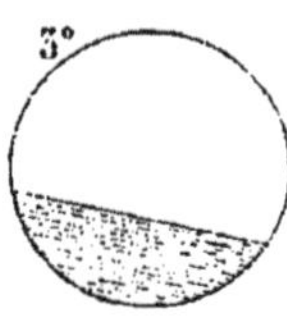

On voit donc qu'il existe une différence essentielle entre la circonférence et le cercle qu'il faut bien se garder de confondre : la première n'est qu'une ligne, tandis que l'autre est une surface.

2° *Secteur*, la portion du cercle comprise entre un arc et les deux rayons qui aboutissent à ses extrémités.

3° *Segment*, la portion du cercle comprise entre un arc et sa corde.

On voit, d'après cela, que l'arc est la base du secteur et que la corde est la base du segment.

Division de la circonférence en degrés.

27. On est convenu de partager toute circonférence de cercle, grande ou petite, en 360 parties égales auxquelles on a donné le nom de *degrés*; on partage le degré en 60 parties égales qu'on appelle *minutes*, chaque minute en 60 parties égales qu'on appelle *secondes*, chaque seconde en 60 parties égales qu'on appelle *tierces*, et ainsi de suite pour la *quarte*, la *quinte*, etc.

La marque du degré est cel'e-ci . . . . °

Celle de la minute . . . . ′

Celle de la seconde . . . . ″

Celle de la tierce. . . . . ‴

Celle de la quarte. . . . . ⁗

Ainsi, pour marquer 3 degrés, 24 minutes, 55 secondes, on écrit 3° 24′ 55″.

28. *Le contour d'une circonférence est égale à la longueur de son diamètre, multipliée par le nombre 3,14, qui représente le rapport de la circonférence au diamètre.* On fera voir plus loin que ce rapport est constant, c'est-à-dire toujours le même, quelle que soit la longueur du diamètre.

D'après cela, une circonférence qui aurait 2,^{m}75 de diamètre, aurait 2,^{m}75 $\times$ 3,14 = 8,^{m}635 de contour à peu de chose près.

Manière de décrire une circonférence sur le papier et sur le terrain.

29. Pour décrire une circonférence sur le papier, on se sert de l'instrument connu de tout le monde sous le nom de *compas*. En supposant fixe l'ouverture des branches, la distance des deux pointes est le rayon du cercle.

Sur le terrain, une corde tendue et tournant autour d'un piquet, qui retient l'une de ses extrémités, décrit de son autre extrémité une circonférence qu'on se contente quelquefois de jalonner.

Le tracé des circonférences sur le papier est d'un usage fréquent ; sur le terrain, on décrit le cercle pour former des bassins, des parterres, des places publiques et pour diriger la construction des polygones réguliers dont on parlera dans la septième leçon.

2ᵉ Leçon. Des angles.

DÉFINITION DE L'ANGLE. — SOMMET, COTÉ. — L'ARC DE CERCLE VARIE EN PROPORTION DE L'ANGLE. *(Ex. Branche de compas tournant autour de sa charnière).* ON JUGE DONC DE LA GRANDEUR D'UN ANGLE PAR LE NOMBRE DE DEGRÉS DE L'ARC COMPRIS ENTRE SES COTÉS ET DÉCRIT DE SON SOMMET COMME CENTRE. — CONSTRUIRE UN ANGLE ÉGAL A UN ANGLE DONNÉ : 1° AVEC LE COMPAS ; 2° AVEC LE RAPPORTEUR.
DEUX ANGLES FORMÉS PAR UNE LIGNE DROITE TOMBANT SUR UNE AUTRE VALENT TOUJOURS 180°. — ANGLES SUPPLÉMENTAIRES. — DÉFINITION DE L'ANGLE DROIT, ANGLE AIGU OU OBTUS. — LES ANGLES OPPOSÉS AU SOMMET SONT ÉGAUX. — ANGLES FORMÉS PAR LA LIGNE DE MIRE ET L'AXE D'UNE ARME A FEU.

---

30. On appelle *angle,* l'ouverture plus ou moins grande que peuvent former entre elles deux lignes A B, A C, qui se rencontrent.

Pour se former une idée exacte d'un angle, il faut concevoir que la ligne droite A B était d'abord couchée sur AC, et qu'on l'a fait tourner sur le point A (*comme une branche de compas sur sa charnière*) pour l'amener dans la position AB qu'elle a actuellement. La quantité dont A B a tourné est précisément ce qu'on appelle un angle.

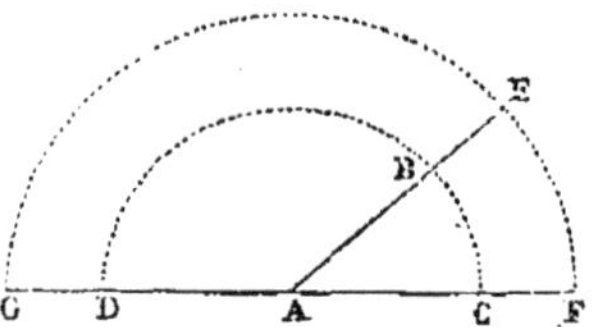

Le point A où se rencontrent les deux lignes A B, A C, s'appelle le *sommet* de l'angle, et les deux lignes A B, A C, qui en se rencontrant au point A forment l'angle, en sont les *côtés.*

31. Pour désigner un angle, on emploie trois lettres, dont l'une marque le sommet et les deux autres sont placées le long

des côtés , et en énonçant ces lettres , on place toujours la lettre du sommet au milieu. Ainsi , pour désigner l'angle formé par les deux lignes A B, A C, on dira : l'angle B A C ou C A B.

Cette manière d'énoncer un angle est principalement nécessaire lorsque plusieurs angles ont leur sommet au même point ; car, si dans la figure qui précède on se bornait à dire l'angle A, on ne saurait si l'on veut parler de l'angle B A C ou de l'angle B A D ; mais, lorsqu'il n'y a qu'un seul angle, on peut le désigner par la lettre du sommet seulement.

32. Puisque l'angle B A C (fig. du n.º 30) n'est autre chose que la quantité dont le côté A B a dû tourner sur le point A, pour venir de la position A C dans la position A B, et que, dans ce mouvement, chaque point de A B, restant toujours également éloigné de A, décrit un arc de cercle qui varie en proportion de l'angle, il est naturel de prendre cet arc pour mesure de l'angle; cependant, comme chaque point de A B décrit un arc de longueur différente, ce n'est pas la longueur de l'arc qu'il faut prendre pour mesure, mais le nombre de ses degrés, qui sera toujours le même pour chaque arc décrit par chaque point de A B.

On peut donc dire qu'*un angle quelconque a pour mesure le nombre de degrés de l'arc compris entre ses côtés et décrit de son sommet comme centre.*

Ainsi, à l'avenir, quand on dira : tel angle a pour mesure tel arc, on devra entendre qu'il a pour mesure le nombre de degrés de cet arc.

Faire un angle égal à un angle donné. Mesure des angles sur le papier et sur le terrain.

33. Pour faire un angle égal à un autre ; par exemple, pour faire au point *a* de la ligne *a c*

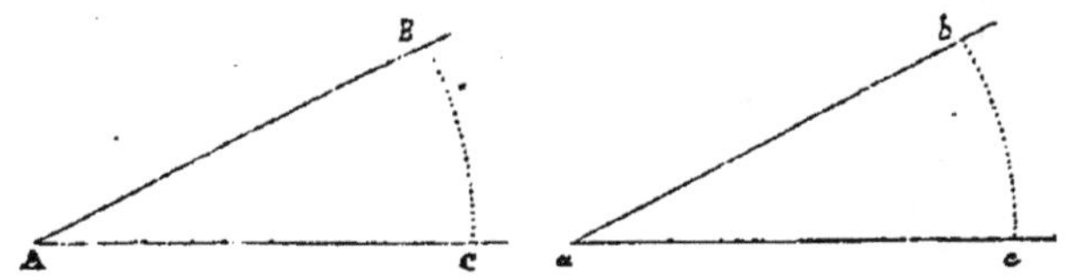

un angle égal à B A C, il faut, d'une ouverture de compas arbitraire et du point *a* comme centre, décrire un arc indéfini *cb* ; po-
sant ensuite la pointe du compas sur le sommet A de l'angle donné
B A C, on décrira de la même ouverture l'arc B C compris entre
les deux côtés de cet angle, et après avoir pris, avec le compas,
la distance de C à B, on la portera de *c* en *b* ; ce qui donnera le
point *b*, et en joignant le point *b* au point *a*, on aura l'angle
b a c = B A C.

En effet, l'angle *b a c* a pour mesure l'arc *b c*, et l'angle B A C
a pour mesure l'arc B C ; or, ces deux arcs sont égaux, puisque
la distance de *b* à *c* a été faite la même que celle de B à C (25).

34. Au lieu du compas, on peut encore employer l'instrument
appelé *rapporteur*.

C'est un demi-cercle de cuivre évidé ou de corne transparente
divisé en 180 parties égales ou degrés numérotés de 10° en 10°
ou de 5° en 5°. On appelle *limbe*, le bord sur lequel sont marqués les degrés, et *ligne de foi*, le diamètre E G. L'échancrure
F, qui se trouve au milieu de la ligne de foi, indique le centre
de l'instrument. Quand l'instrument est de corne transparente,
on y marque les rayons de 10° en 10°, et le centre est marqué par
un petit trou.

L'usage de cet instrument est aussi fréquent que commode.
Voici comment on s'en sert pour mesurer et former les angles
sur le papier.

Quand on veut mesurer un
angle tel que B A C, on applique
le centre F de l'instrument sur le
sommet A de l'angle qu'on veut
mesurer, et le rayon F G du même
instrument sur l'un A C des côtés

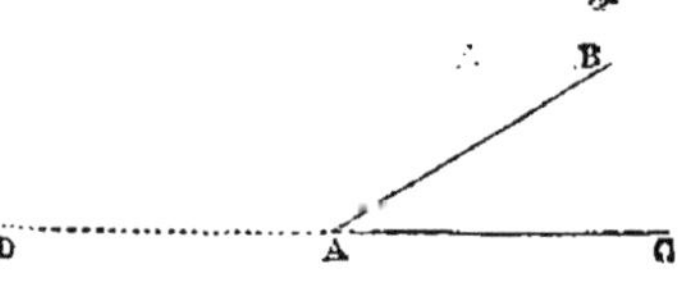

de cet angle; alors le côté A B prolongé, si c'est nécessaire, fait connaître, par celle des divisions de l'instrument par laquelle il passe, de combien de degrés est l'arc du rapporteur compris entre les côtés de l'angle, et par conséquent (32) de combien de degrés est cet angle.

35. Pour faire avec le même instrument un angle d'un nombre déterminé de degrés, on applique le rayon F G de l'instrument sur la ligne qui doit servir de côté à l'angle qu'on doit former, de manière que le centre F soit sur le point où cet angle doit avoir son sommet; puis, cherchant sur les divisions de l'instrument le nombre de degrés en question, on marque sur le papier un point en cet endroit; par ce point et par le sommet on tire une ligne droite, qui fait alors avec la première l'angle demandé.

36. Pour mesurer les angles sur le terrain, on emploie l'instrument représenté par la figure ci-dessous et appelé *graphomètre*.

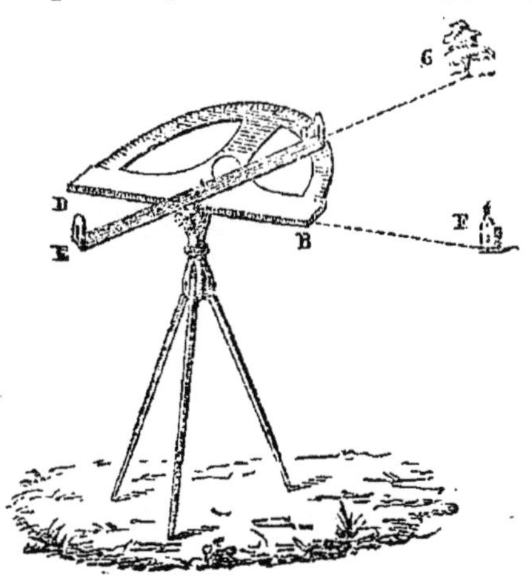

C'est un demi-cercle divisé en 180 degrés, et sur lequel on marque même les demi-degrés, selon la grandeur de son diamètre. Le diamètre D B fait corps avec l'instrument; mais le diamètre E C qu'on nomme *alidade* n'y est assujetti que par le centre A, autour duquel il peut tourner et parcourir par son extrémité C toutes les divisions de l'instrument. Chacun de ces deux diamètres est garni à ses deux extrémités de *pinnules,* à travers lesquelles on regarde les objets. L'instrument est porté sur un pied, et peut, sans rien changer à la position du pied, être incliné dans tons les sens, selon qu'on en a besoin.

Quand on veut mesurer l'angle que forment deux lignes droites tirées d'un point A où l'on est avec deux autres objets F, G, on place le centre du graphomètre en A, et l'on dispose l'instrument de manière qu'en regardant à travers les pinnules du diamètre fixe D A B, on aperçoive l'un F de ces deux objets, et qu'en même temps l'autre objet se trouve dans le prolongement du plan de l'instrument ; ce qu'on obtient en inclinant plus ou moins le graphomètre ; alors on fait mouvoir l'alidade E C jusqu'à ce qu'on puisse apercevoir l'objet G à travers les pinnules E et C ; l'arc B C, compris entre les deux diamètres, est la mesure de l'angle G A F.

On voit aussi, d'après ce qui vient d'être dit, comment on peut faire sur le terrain un angle d'un nombre déterminé de degrés.

Classification des angles.

37. On distingue trois espèces d'angles : l'*angle droit,* l'*angle aigu* et l'*angle obtus.*

Un angle est droit, lorsqu'un de ses côtés AB ne penche ni vers l'autre côté AC, ni vers son prolongement AD.

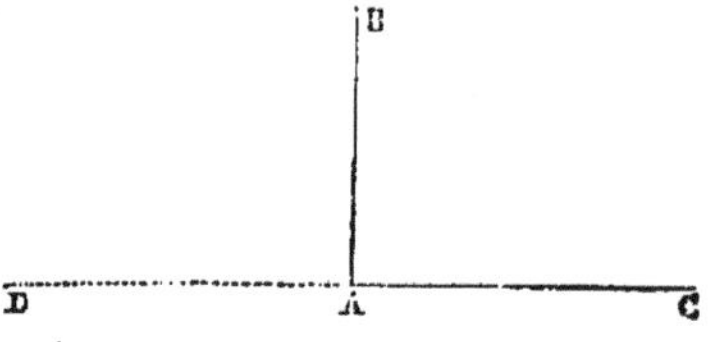

Un angle est aigu, lorsqu'un de ses côtés A B penche plus vers l'autre côté A C que vers son prolongement A D. Par conséquent, un angle aigu est plus petit qu'un angle droit.

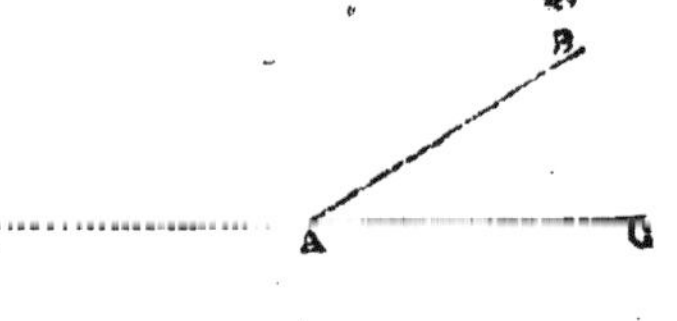

Un angle est obtus, lorsqu'un de ses côtés A B

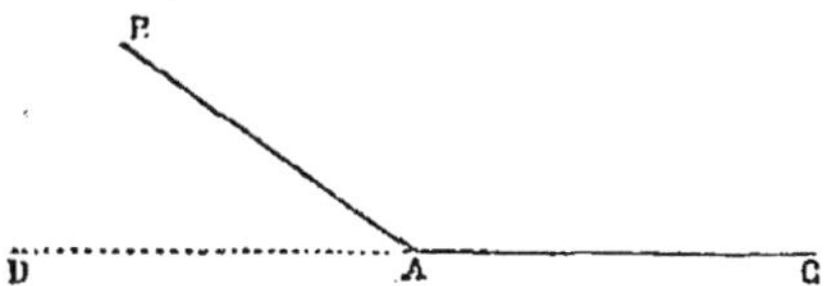

penche plus vers le prolongement de l'autre côté A C que vers ce côté même; par conséquent, un angle obtus est plus grand qu'un angle droit.

38. On appelle *bissextrice* d'un angle A O B une ligne droite, telle que O C, qui divise cet angle en deux angles égaux A O C, C O B. Ces deux angles, pris ensemble, sont la somme de l'angle A O B; l'un de ses angles est la différence des deux autres.

39. On appelle *angles adjacents*, deux angles, tels que B O C, C O A, qui ont le même sommet O et un côté commun O C.

40. On appelle *angles opposés au sommet*, deux angles tels que E A B et C A D,

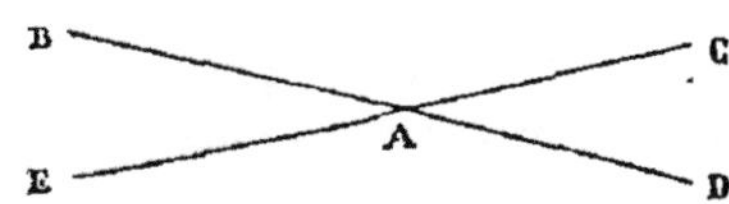

dont les côtés A C et A D de l'un sont les prolongements des côtés A E et A B de l'autre. Tels sont encore les deux angles B A C, E A D.

On peut conclure de ce qui a été dit sur la mesure des angles :

41. 1.⁰ *Qu'un angle droit tel que B A E, a pour mesure 90 degrés.*

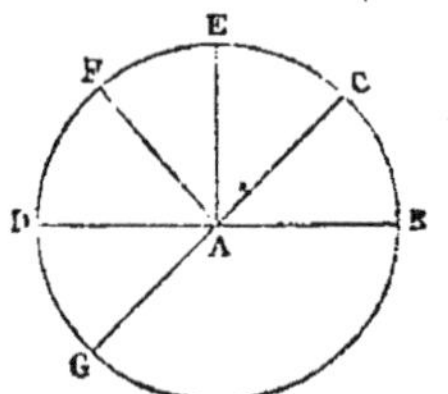

En effet, si le côté A E ne penche ni vers l'autre côté A B, ni vers son prolongement A D, les deux angles B A E, D A E, sont égaux ; donc les arcs B E, D E, qui leur servent de mesure, seront aussi égaux ; or, ces deux arcs composant la demi-circonférence valent ensemble 180⁰ ; donc, chacun d'eux est de 90⁰ ; donc, les angles B A E, D A E, qui leur correspondent, ont chacun pour mesure 90⁰.

42. 2⁰ *Que deux angles B A C, C A D (fig. du n.⁰ 41), que forme une ligne droite A C, en tombant sur une autre ligne D B, valent toujours 180 degrés.*

En effet, l'angle B A C a pour mesure l'arc B C, compris entre ses côtés, l'angle C A D, l'arc C D, compris aussi entre ses côtés ; les deux angles B A C, C A D, pris ensemble, ont pour mesure les deux arcs B C, D C, qui composent la demi-circonférence ; ils valent donc 180⁰.

43. Il est évident que la somme de tous les angles consécutifs B A C, C A E, E A F, F A D (fig. du n⁰ 41), formés dans un plan autour d'un point A d'une droite B D et d'un même côté, vaut 180⁰ ; que la somme de tous les angles consécutifs B A C, C A E, E A F, F A D, D A G, G A B, formés autour d'un point A dans un plan, vaut 360⁰ ; car tous ces angles, pris ensemble, ne peuvent occuper, dans le premier cas, plus que la demi-circonférence, et, dans le second cas, plus que la circonférence.

44. *Deux angles tels que B A C, B A D, qui, pris ensemble, font 180⁰, sont dits supplémentaires l'un de l'autre.*

Ainsi, l'angle BAC est le supplément de l'angle BAD et l'angle BAD est le supplément de l'angle BAC, parce que l'un de ces angles est ce qu'il faudrait ajouter à l'autre pour faire 180°.

Les angles égaux auront donc des suppléments égaux, et réciproquement, les angles qui auront des suppléments égaux seront égaux.

45. On peut conclure de ce qui précède que *les angles opposés au sommet sont égaux.*

Soient les deux angles BAC, EAD,

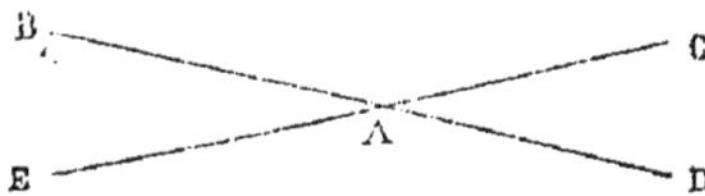

formés par les deux droites BD, EC, qui se coupent au point A : je dis qu'ils sont égaux.

En effet, les deux angles BAC, CAD, sont supplémentaires l'un de l'autre ; il en est de même des deux angles EAD, CAD, et l'on a :
$$BAC + CAD = 180°.$$
$$EAD + CAD = 180°.$$
Deux quantités égales à une troisième sont égales entre elles ; ce qui donne :
$$BAC + CAD = EAD + CAD.$$
Retranchant le supplément commun CAD, on a enfin :
$$BAC = EAD ; ce qu'il fallait démontrer.$$

46. *On appelle complément d'un angle, ce dont cet angle est plus petit ou plus grand que 90°.*

Soient les deux angles EAC, EAD égaux chacun à 90° :

L'angle BAC aura pour complément l'angle EAB, et l'angle DAB aura pour complément l'angle EAB, puisque BAC + EAB = 90°, et que DAB — EAB = 90°

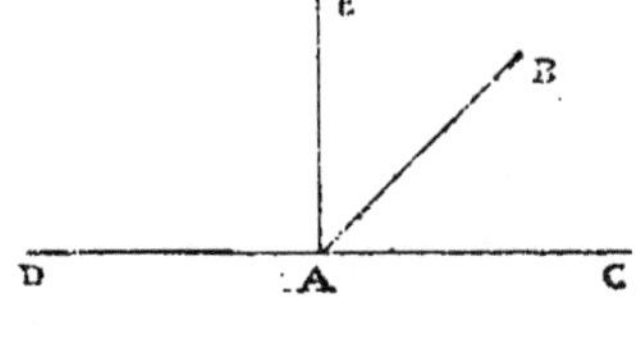

Les angles aigus qui auront des compléments égaux seront donc égaux et réciproquement. Il en sera de même des angles obtus.

47. On rencontre sans cesse les angles tant dans la théorie que dans la pratique. C'est par les angles qu'on détermine la position des objets les uns à l'égard des autres ; les angles flanqués, les angles d'épaule, servent à déterminer la position des différentes lignes d'un front de fortification. Le tir du canon est réglé par l'angle que la ligne de mire fait avec le prolongement de l'axe de la pièce.

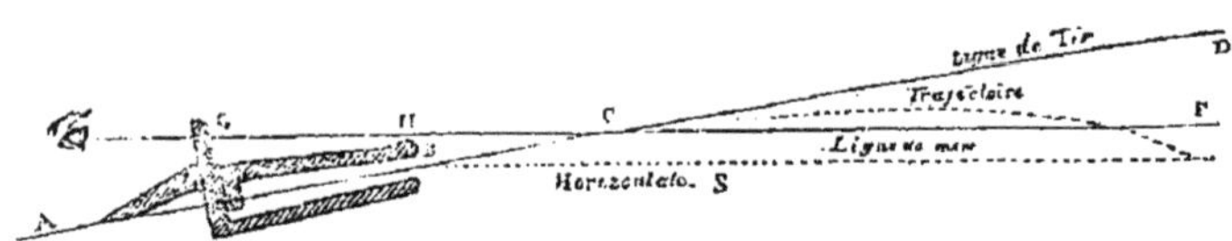

La ligne de l'axe est une ligne telle que A B D, qui est supposée passer par le milieu de l'âme de la pièce dans toute sa longueur ; elle se prolonge indéfiniment ; la ligne de mire naturelle est une ligne telle que G H F, qui réunit dans un même plan les points les élevés de la plate bande de culasse et du bourrelet et le but en blanc. Ces deux lignes, par suite de la différence des diamètres de la culasse et du bourrelet, se coupent à peu de distance de la pièce en un point C et forment deux angles aigus H C B, D C F, opposés au sommet, et par conséquent égaux, dont l'un, celui du côté du but, est l'angle de mire : il est plus ou moins aigu, suivant le calibre de la pièce.

Outre l'angle de mire, il existe dans le tir d'une arme à feu un autre angle tel que C B S, appelé angle de tir ; il est formé par la ligne de l'axe et l'horizontale, c'est-à-dire la ligne parallèle au sol. A l'aide des notions contenues dans la 4ᵉ leçon, il sera facile de reconnaître que, lorsque la ligne de mire est horizontale, comme dans la figure qui précède, l'angle de tir est égal à l'angle de mire.

3° Leçon. Perpendiculaires et obliques.

DÉFINITION DE LA PERPENDICULAIRE ET DE L'OBLIQUE. — PAR UN POINT PRIS SUR UNE DROITE ON NE PEUT LUI ÉLEVER QU'UNE PERPENDICULAIRE.

LA PERPENDICULAIRE EST LA PLUS COURTE DES LIGNES QU'ON PEUT MENER D'UN POINT A UNE DROITE. — TOUS LES POINTS DE LA PERPENDICULAIRE ÉLEVÉE SUR LE MILIEU D'UNE LIGNE DROITE SONT ÉGALEMENT DISTANTS DES EXTRÉMITÉS DE CETTE DROITE. — MANIÈRE D'ABAISSER OU D'ÉLEVER UNE PERPENDICULAIRE SUR UNE LIGNE ET DE PARTAGER UNE LIGNE DROITE EN 2, 4, 8, 16 PARTIES ÉGALES 1° SUR LE PAPIER, 2° SUR LE TERRAIN.

---

48. Une ligne est *perpendiculaire* à une autre ligne, lorsqu'en tombant sur cette ligne, elle ne penche ni d'un côté, ni de l'autre, et forme avec elle deux angles adjacents égaux entre eux (37).

49. Une ligne est *oblique* à une autre ligne, lorsqu'en tombant sur cette ligne, elle penche plus d'un côté que de l'autre, et forme avec elle deux angles adjacents inégaux.

Ainsi, dans cette figure, les deux angles DAE, EAC, étant égaux, la ligne EA est perpendiculaire à DC, et les deux angles DAB, BAC, étant inégaux, la ligne BA est oblique à DC.

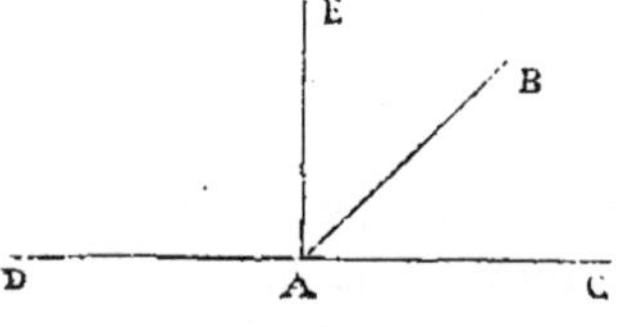

Le point A est dit le *pied de la perpendiculaire* EA; le même point A est dit le *pied de l'oblique* BA. On mesure ordinairement l'inclinaison de l'oblique BA sur DC au moyen de l'angle aigu BAC.

On peut conclure de la définition de la perpendiculaire :

50. 1º *Que quand une ligne AB est perpendiculaire à une autre ligne CD, celle-ci est aussi perpendiculaire à la ligne AB.*

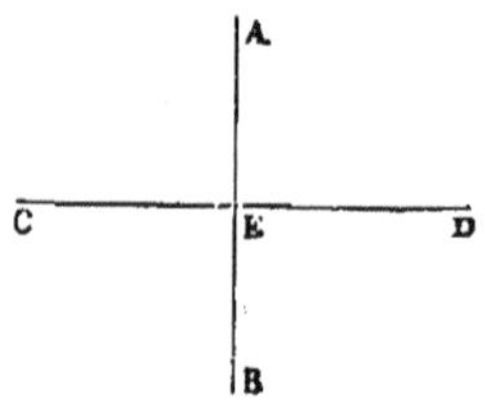

En effet, puisque la ligne AB est perpendiculaire à CD, les deux angles adjacents AEC, AED, sont égaux; mais les deux angles AED, CEB, sont égaux comme opposés au sommet (45); donc l'angle AEC est égal à CEB; par conséquent, la ligne CE ou CD est perpendiculaire à AB.

51. 2º *Que d'un même point E, pris sur CD, on ne peut élever qu'une seule perpendiculaire sur cette ligne;*

52. 3º *Que d'un même point A pris hors d'une ligne CD, on ne peut abaisser qu'une seule perpendiculaire sur cette ligne;*

Car on conçoit qu'il n'y a qu'un seul cas où une ligne passant par le point E ou le point A puisse ne pencher, ni vers ED, ni vers EC.

53. *Si d'un point pris hors d'une droite on mène une perpendiculaire et différentes obliques; 1º les obliques qui s'écartent également du pied de la perpendiculaire sont égales; 2º de deux obliques, celle qui s'écarte le plus du pied de la perpendiculaire est*

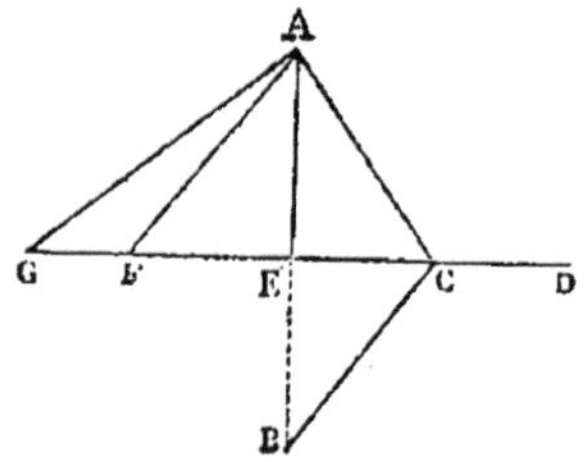

la plus longue; 3º la perpendiculaire est plus courte que toute oblique.

1º Supposons que la distance EC soit égale à la distance EF; si l'on renverse la figure AEC sur la figure AEF, la ligne AE restant commune à toutes les deux, il est clair qu'à cause de l'angle AEC égal à AEF, la ligne EC s'appliquera sur EF, et que le point C tombera sur le point F, puisque EC est supposé égal à EF; donc l'oblique AC s'appliquera exactement sur l'oblique AF; donc ces deux obliques sont égales.

2° Supposons que la distance GE soit plus grande que la distance EC; si l'on renverse la figure AEC sur la figure AEG, le point C tombera en F; donc le point G est nécessairement plus éloigné de tel point de AE qu'on voudra que le point F ou que le point C ne peut l'être du même point; donc l'oblique AG est plus grande que l'oblique AF ou que son égale AC.

3° Pour démontrer la troisième partie de la proposition, on prolonge la perpendiculaire AE d'une quantité EB égale à elle-même, et l'on joint le point C au point B; les distances AE, EB étant égales, les deux obliques AC, CB, s'écartent également du pied de la perpendiculaire EC; donc elles sont égales; mais puisque AB est une ligne droite, on a AB < AC + CB ou 2AE < 2AC ou AE < AC; ce qu'il fallait démontrer.

54. *Tous les points de la perpendiculaire élevée sur le milieu d'une droite sont également distants des extrémités de cette droite.*

Si, sur le milieu de la ligne AB, on élève la perpendiculaire CD, tout point K de cette perpendiculaire sera également distant des extrémités A et B de cette ligne.

En effet, si l'on tire KB, KA, et qu'on plie le plan de la figure selon la perpendiculaire CD, de manière que la partie de gauche se rabatte sur celle de droite, puisque l'angle AOC égale l'angle COB, OA prendra la direction de OB, et comme l'on suppose la distance AO égale à la distance OB, le point A tombera sur le point B; par conséquent, l'oblique AK s'appliquera exactement sur l'oblique BK; ce qu'il fallait démontrer.

On tire de cette dernière proposition le moyen d'élever ou d'abaisser une perpendiculaire sur une ligne, tant sur le papier que sur le terrain.

Tracé des perpendiculaires.

55. *Par un point pris sur une droite élever une perpendiculaire à cette droite.*

Construction sur le papier.

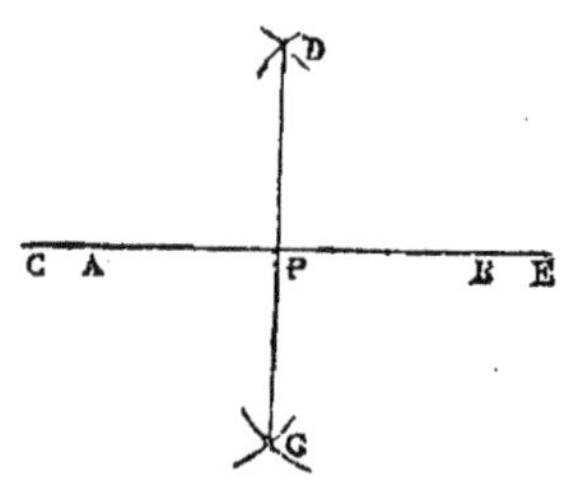

Soit le point P pris sur une droite CE : on prendra à droite et à gauche du point P deux longueurs arbitraires, mais égales PA, PB; puis, des points A et B comme centres, avec une ouverture de compas plus grande que la moitié de AB, on décrira deux arcs de cercle qui se coupent au point D; des mêmes points comme centres et de la même ouverture de compas, on décrira au-dessous de la ligne AB deux arcs de cercle qui se coupent au point G; on tirera par ces deux points la ligne DG, qui sera la perpendiculaire demandée. Ce procédé est fondé sur ce que les points D et G étant évidemment à égale distance des deux points A et B appartiennent à la perpendiculaire élevée sur le milieu de AB, et par conséquent sur la ligne CE.

Si le point P était à l'extrémité d'une droite, on ne pourrait d'abord exécuter cette construction; mais on la rendrait possible en prolongeant la droite. Nous donnerons plus loin (79) le moyen de se passer de cette dernière préparation, qui est quelquefois impraticable.

Construction sur le terrain.

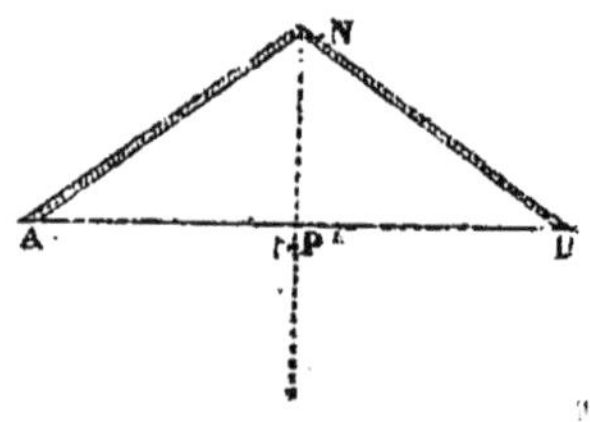

Après avoir pris à droite et à gauche du point donné P deux longueurs égales AP, PB, on fixera aux points A, B, avec des piquets les extrémités d'une corde, qu'on aura préalablement divisée en deux parties égales, et dont on aura marqué le milieu par un nœud. On tendra ce cordeau en le tirant par le nœud; la position N que ce nœud prendra sur le terrain sera un point de la perpendiculaire qui aurait pour pied le point P; car N est à égale distance des points A et B; donc la ligne PN sera la perpendiculaire demandée.

Nous donnerons aussi plus loin le procédé à employer, lorsque le point P est à l'extrémité d'une droite que l'on ne peut prolonger.

56. *Par un point pris hors d'une droite, abaisser une perpendiculaire sur cette droite.*

Construction sur le papier.

Soit le point P donné hors de la droite EF : du point P comme centre et avec une ouverture de compas suffisamment grande, on décrit un arc de cercle qui coupe la droite donnée en deux points A, B; de ces deux points comme centres, avec une ouverture de 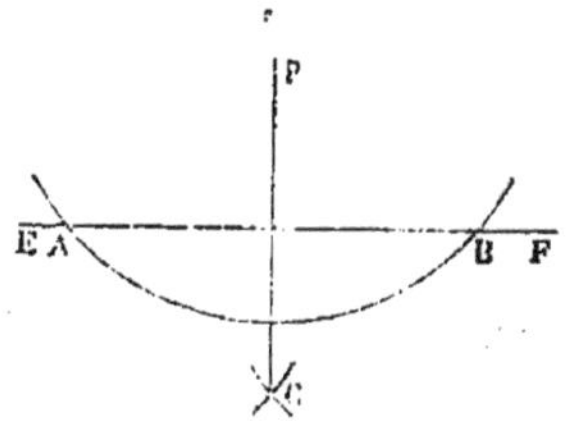 compas plus grande que la moitié de AB, on décrit deux arcs de cercle qui se coupent en un point G situé au-dessous de la ligne AB; joignant PG, on aura la perpendiculaire demandée. En effet, chacun des deux points P et G étant à égale distance des extrémités de la ligne AB, appartient à la perpendiculaire élevée sur cette ligne.

Construction sur le terrain.

Cette construction est excessivement simple. On fixe un cordeau au point P, et on le tend jusqu'à ce qu'il rencontre la droite au point A qu'on marque. Tendu de nouveau, il rencontrera en- 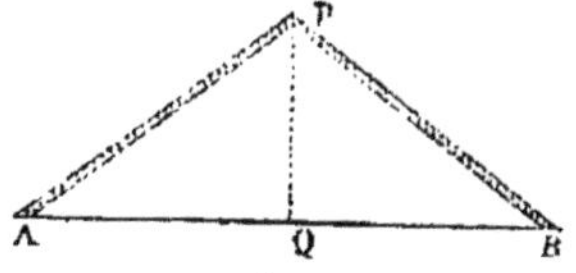 core la droite en un second point B; on prend le milieu de AB avec une corde tendue entre A et B et pliée en deux; soit Q le milieu; la ligne PQ sera la perpendiculaire demandée.

57. Lorsqu'on a plusieurs perpendiculaires à tracer, on emploie *l'équerre* qui est formée, tantôt de deux règles perpendiculaires l'une à l'autre et assemblées par une charnière, tantôt d'une

seule pièce de bois ou de cuivre dont deux côtés sont perpendiculaires l'un à l'autre. On applique une des règles, ou l'un des côtés de l'équerre sur la ligne proposée, en observant de faire glisser ce côté jusqu'à ce que le second passe par le point donné; alors, en faisant glisser le crayon ou la plume le long du second côté de l'équerre, on a la perpendiculaire demandée.

Partager une ligne droite en 2, 4, 8, 16, etc. parties égales.

58. Pour partager sur le papier une ligne droite en deux parties égales, on peut employer l'un des deux procédés suivants :

1º On fera la construction du nº 55, en prenant pour centres les deux extrémités de la droite donnée, et la perpendiculaire, passant par le milieu de la droite, satisfera à la question.

2º On pourra faire usage du double décimètre; en appliquant cet instrument sur la ligne donnée, on aura en millimètres la longueur de cette ligne; divisant le nombre par 2, on portera le résultat sur la ligne qui se trouvera partagée en deux parties égales.

La ligne une fois divisée en deux parties, on la partagera en 4, 8, 16, etc.... parties égales, en prenant par l'un des deux procédés qui précèdent la moitié de la moitié, la moitié du quart, etc.,... et en portant la longueur trouvée 4, 8 fois, etc.... sur la ligne.

Pour partager sur le terrain une ligne droite en deux parties égales, on pourrait élever une perpendiculaire sur le milieu de cette ligne par le procédé indiqué nº 55; mais il sera plus simple de tendre un cordeau entre les extrémités de cette ligne et de plier en deux ce cordeau, qui tombera nécessairement au milieu de la ligne; on en déduira le moyen de partager la ligne en 4, 8, 16 parties égales.

Nous indiquerons dans la leçon suivante (67) comment on partage une ligne en un nombre quelconque de parties égales.

4ᵉ Leçon. Parallèles.

Deux perpendiculaires a une même droite sont parallèles.
Deux parallèles sont partout également distantes. — Deux parallèles ne formant pas d'angle entre elles doivent être également inclinées, chacune d'un même coté sur la sécante, d'où suit l'égalité des angles correspondants. — Égalité des angles alternes internes, alternes externes, etc.
Mener des parallèles a une droite a l'aide de la règle et de l'équerre.
Mener une parallèle sur le terrain.
Partage d'une ligne en parties égales.
Construire une échelle de proportion, manière de trouver la longueur réduite et inversement.

59. Deux lignes droites sont *parallèles*, lorsqu'étant tracées sur le même plan elles ne peuvent se rencontrer à quelque distance qu'on les prolonge.

Il résulte de cette définition que deux lignes parallèles ne font pas d'angle entre elles.

Par conséquent, deux parallèles sont partout également éloignées l'une de l'autre; car il est évident que si elles se trouvaient plus rapprochées en quelqu'endroit qu'en un autre, elles seraient inclinées l'une par rapport à l'autre et finiraient par se rencontrer, si elles étaient prolongées suffisamment.

60. Une droite telle que AB, qui rencontre deux lignes parallèles CD, EI, s'appelle *sécante*. Les parallèles forment avec la sécante un certain nombre d'angles qu'il importe de bien distinguer et qui, considérés deux à deux, prennent les dénominations suivantes ; on nomme :

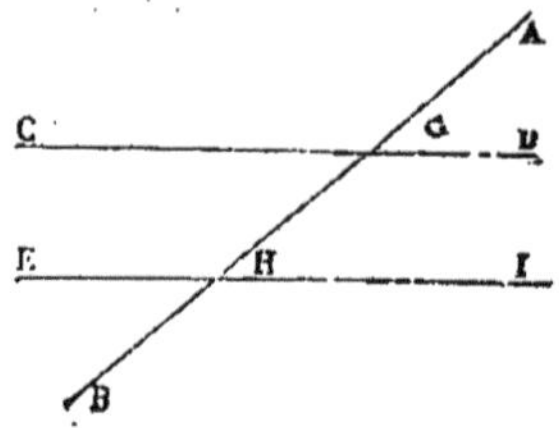

1° *Angles internes externes ou correspondants*, les deux angles IHG, DGA, disposés de la même manière entre les parallèles et la sécante.

2° *Angles alternes internes*, les angles IHG, CGH, situés entre les parallèles, mais de côtés opposés, par rapport à la sécante.

3° *Angles alternes externes*, les deux angles EHB, AGD, analogues aux précédents, qui se trouvent en dehors des parallèles.

4° *Angles internes d'un même côté*, les deux angles IHG, DGH, qui sont entre les parallèles et d'un même côté de la sécante.

5° Et enfin, *angles externes d'un même côté*, les angles BHI, DGA, qui sont hors des parallèles et d'un même côté de la sécante.

Plusieurs propositions découlent naturellement des notions qui précèdent. Nous ne donnerons que les plus importantes.

Propositions.

61. *Deux perpendiculaires à une même droite sont parallèles entre elles.*

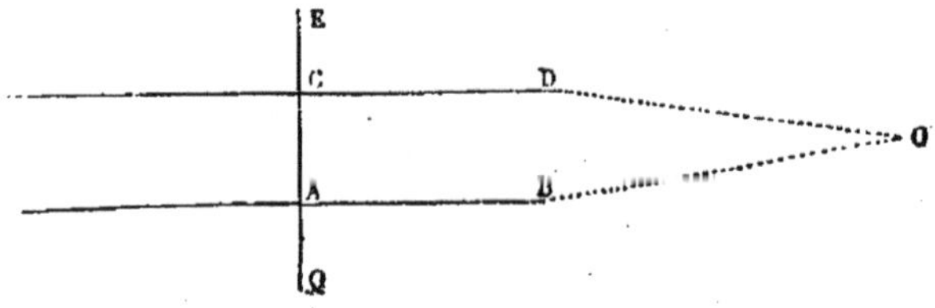

Soient les deux étroites A B, C D, perpendiculaires à la droite E Q ; je dis qu'elles sont parallèles.

En effet, si elles pouvaient se rencontrer en un certain point O, on aurait deux perpendiculaires O A, O C, abaissées du point de rencontre O sur une même ligne droite E Q ; ce qui n'est pas possible (52).

Réciproquement, *une droite EQ, perpendiculaire à une autre droite A B, est aussi perpendiculaire à la parallèle de celle-ci C D.* En effet, si la ligne E Q n'était pas perpendiculaire à la droite C D, elle ferait avec cette ligne des angles qui ne seraient pas droits ; les deux parallèles seraient donc, l'une perpendiculaire, l'autre oblique à la ligne E Q ; donc, ces deux parallèles se rencontreraient, ce qui n'est pas possible.

On tire de cette proposition le moyen de mener une parallèle, tant sur le papier que sur le terrain.

62. *Si deux parallèles sont coupées par une sécante, on aura les résultats suivants :*

1° *Les angles internes externes ou correspondants sont égaux ;*

2° *Les angles alternes internes sont égaux ;*

3° *Les angles alternes externes sont égaux ;*

4° *La somme des angles internes d'un même côté est égale à deux droits.*

5° *La somme des angles externes d'un même côté est égale à deux droits.*

Soient C D, E I, les deux parallèles et A B la sécante :

1° Les lignes C D, E I, étant supposées parallèles, ne forment pas d'angle entre elles (59) ; elles doivent donc être également inclinées, chacune d'un même côté, sur la sécante ; donc, les

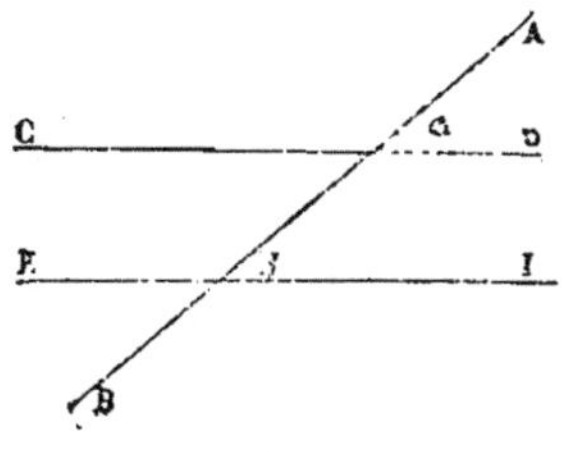

angles I H G, D G A, qu'elles forment du même côté avec cette ligne, sont égaux.

2° L'angle IHG étant égal à l'angle DGA et l'angle DGA étant égal à CGH comme opposés au sommet (45), on en conclut que l'angle IHG est égal à l'angle CGH.

3° De l'égalité des angles IHG, DGA, comme correspondants, et de celle des angles IHG, EHB, comme opposés au sommet, on conclut que les angles alternes externes DGA, EHB sont égaux.

4° L'angle DGH ayant pour supplément DGA ou son égal IHG, il en résulte que les deux angles internes du même côté DGH, IHG, sont supplémentaires, et par conséquent égaux à deux droits.

5° Il est facile de voir, enfin, que les deux angles BHI, DGA externes du même côté de la sécante sont également supplémentaires.

Réciproquement, toutes les fois que deux lignes droites auront dans leur rencontre avec une troisième l'une de ces cinq propriétés, on devra conclure qu'elles sont parallèles. Car, si les angles alternes internes étant égaux, les droites CD, EI, qui les forment avec la sécante, n'étaient pas parallèles, il faudrait pour les rendre parallèles déranger l'une d'elles, EI par exemple ; mais alors les angles alternes internes ne seraient plus égaux, puisque l'un des deux aurait changé ; ce qui est contraire à la supposition.

63. *Deux angles sont égaux quand leurs côtés sont parallèles chacun à chacun, et dirigés à la fois dans le même sens ou dans des sens contraires.*

1° Soient les deux angles AOB, A′O′B′, dont les côtés OA, O′A′, OB, O′B′, sont dirigés dans le même sens :

Prolongeant le côté O′A′ jusqu'au point K du côté OB, on a l'angle AOB égal à l'angle A′KB

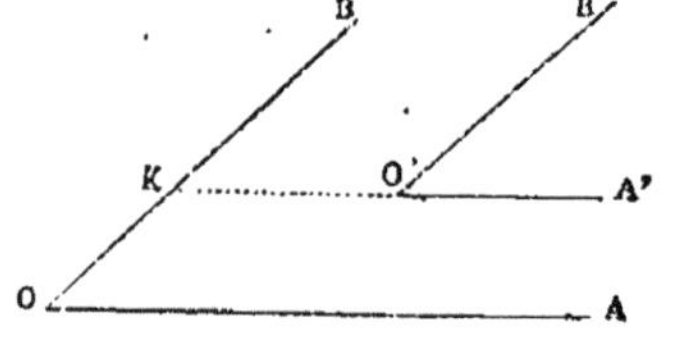

comme correspondants, et l'angle A′KB égal à l'angle A′O′B′ par la même raison ; donc, l'angle AOB égale l'angle A′O′B′ ; ce qu'il fallait démontrer.

2° Soient les deux angles A O B,
A′O′B′, dont les côtés O A, O′A′,
O B, O′B′, sont dirigés en sens
contraires :

On a l'angle A O B égal à l'angle
O′KB comme correspondant, et
l'angle O′KB égal à l'angle A′O′B′
comme alternes internes ; donc,
l'angle A O B est égal à l'angle A′O′B′ ;
ce qu'il fallait démontrer.

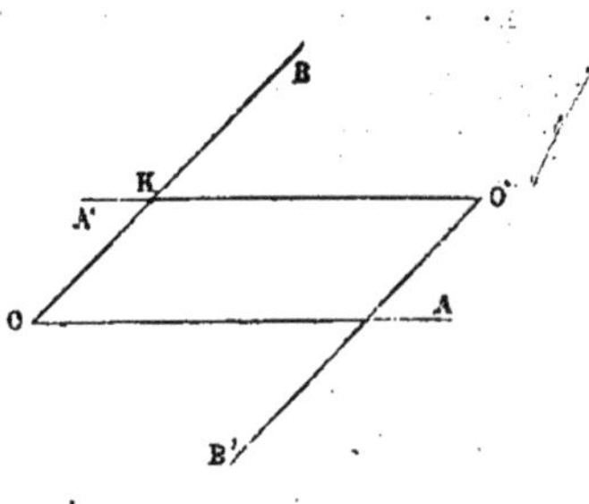

64. *Si deux angles avaient leurs côtés parallèles, sans être dirigés à la fois dans le même sens ou dans des sens contraires, ils seraient supplémentaires.*

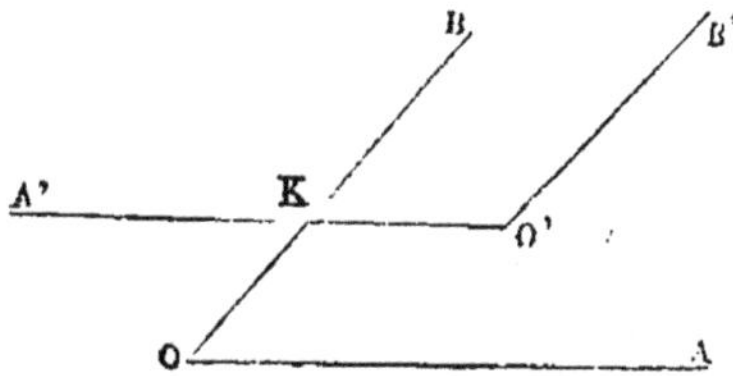

En effet, l'angle A O B est égal à l'angle O′KB comme correspondants ; mais les angles O′KB, A′O′B′, sont supplémentaires comme internes d'un même côté ; donc, les angles A O B, A′O′B′, sont aussi supplémentaires.

Mener une parallèle à une droite : 1° sur le papier ;
2° sur le terrain.

65. *Construction sur le papier.*

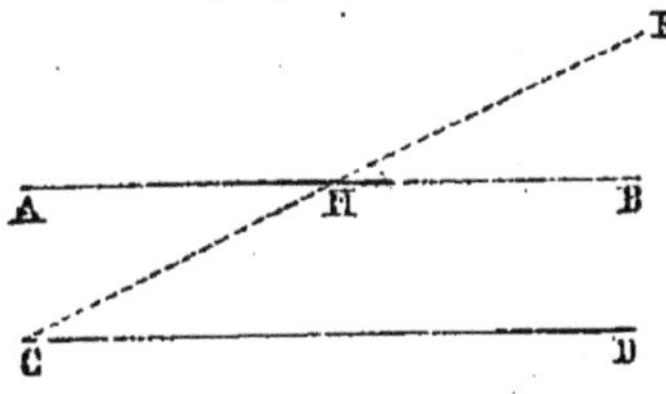

Pour mener par le point C donné une ligne parallèle à A B,

il faut tirer par ce point la ligne indéfinie CF qui coupe AB
en un point quelconque H ; mener ensuite au point C la ligne
CD, de telle sorte qu'elle fasse avec la ligne CF l'angle FCD
égal à l'angle FHB, que celle-ci fait avec AB (33) ; la ligne
CD, tirée de cette manière, sera parallèle à la ligne AB (62).

Lorsqu'on a plusieurs parallèles à mener, on se sert de
l'équerre.

Soit P un des points donnés :
on place sur la droite AB l'un
des côtés AG de l'équerre ; puis
on applique une règle KR sur le
le second côté AS, et l'on fait
glisser l'équerre le long de la
règle immobile, jusqu'à ce que
le côté AG rencontre le point P ;
menant alors une droite A′B′ le

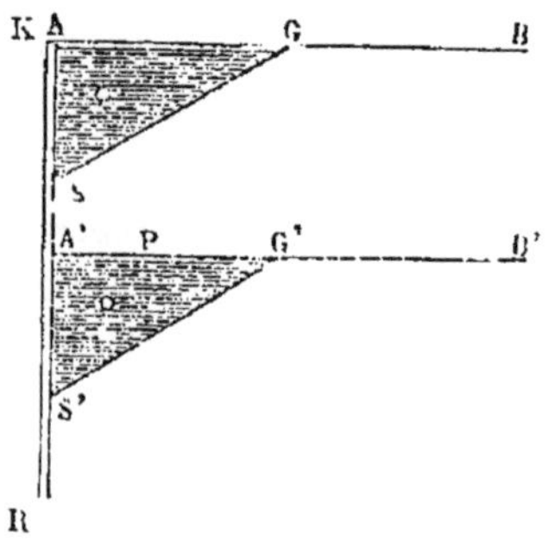

long de ce côté, ce sera l'une des parallèles demandées. Il est aisé
de reconnaître dans cette construction deux perpendiculaires à
une même droite, qui est l'arête de la règle (61).

On continuera de faire glisser l'équerre de la même manière,
et on l'arrêtera sur les divers points analogues à P.

66. Construction sur le terrain.

Pour mener sur le terrain une
parallèle à une ligne donnée, on
a recours au dernier procédé
qu'on vient d'indiquer. Ainsi, s'il
s'agissait de mener une parallèle
à l'une des faces d'un bastion, à
une distance de 100 mètres, on
prendrait sur le prolongement
de la face de ce bastion un point
F ; de ce point on élèverait sur

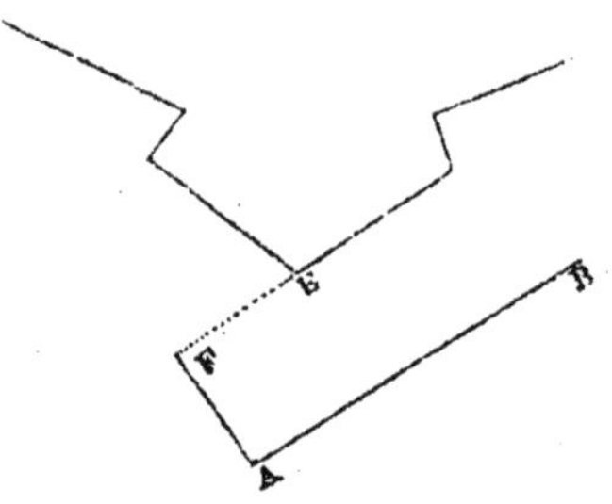

ce prolongement même une perpendiculaire FA ; et à l'extrémité
A de celle-ci, on élèverait une perpendiculaire AB, qui serait la
parallèle demandée.

Partage d'une ligne en parties égales.

67. Pour partager sur le papier une ligne AB en un certain

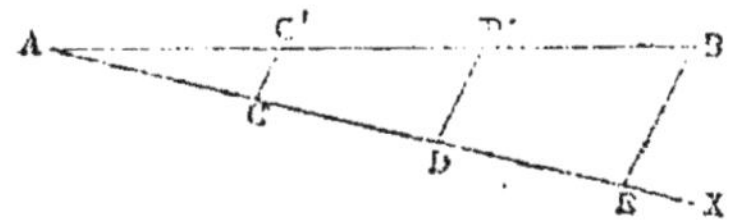

nombre de parties égales, en trois parties par exemple, on tire du
point A et sous un angle quelconque la ligne indéfinie A X ; on
prend une longueur arbitraire que l'on porte trois fois sur la
ligne indéfinie ; on joint le point E au point B, et par les
points de division on mène les lignes DD', CC' parallèles à
EB et la ligne AB se trouve divisée en trois parties égales.
C'est ce qu'on démontrera plus loin (129).

On peut encore se servir du double décimètre : soit à partager en 7 parties égales la même ligne AB que l'on suppose
avoir 63 millimètres de longueur ; le 7e de ce nombre étant
9, on marquera cette longueur sur la ligne, et on la portera
six fois au delà de la première position.

Pour diviser en plusieurs parties égales une ligne sur le
terrain, on en mesure la longueur avec la chaîne d'arpenteur ; on
divise le nombre obtenu par le nombre de parties demandées ;
on prend un petit cordeau d'une longueur égale au quotient, et
on le porte sur la ligne donnée autant de fois qu'il peut y être
contenu.

Échelle de proportion.

68. Quand on sait diviser une ligne en plusieurs parties
égales, on peut construire une échelle de proportion.

On appelle *échelle*, une ligne graduée au moyen de laquelle
on peut réduire, sans plus de calculs, des longueurs données et,
réciproquement, évaluer en longueurs véritables des distances
prises sur un dessin.

L'utilité de l'échelle est facile à concevoir. Si dans un dessin on procédait sans elle, il s'ensuivrait des irrégularités très-grandes ; on pourrait représenter des longueurs de deux mètres plus petites que des longueurs d'un mètre et réciproquement. Il faut donc obtenir de l'harmonie et de la proportion dans le dessin ; c'est à quoi l'on arrive au moyen de l'échelle qui représente elle-même cette proportion constante entre les lignes.

Soit proposé de construire une échelle au $\frac{1}{100}$: dire que l'échelle est au $\frac{1}{100}$, c'est dire que 1 mètre sur le dessin représente 100 mètres sur le terrain, ou bien que

          1000 millimètres représentent . . . . 100 mètres ;
donc,   100 millimètres représentent . . . . 10 mètres,
           10 millimètres représentent . . . . 1 mètre,
            1 millimètre représente . . . . 0,ᵐ1.

Pour faire l'échelle, je trace d'abord une ligne indéfinie A B. Je porte 10 millimètres un nombre de fois suffisant pour pouvoir représenter les longueurs dont j'aurai besoin ; je suppose 6 fois ; j'obtiens de cette manière des longueurs qui représentent un mètre, et je gradue ainsi qu'il suit : 0, 1, 2, 3, 4, 5 mètres. Je partage la division qui se trouve à gauche du 0 en dix parties égales ; j'obtiens ainsi des longueurs qui, à l'échelle, représentent des décimètres ; je gradue ces divisions de deux en deux, mais en sens inverse.

Soit proposé actuellement de prendre sur cette échelle une longueur de 4,ᵐ70 : je place une des branches du compas sur le chiffre 4, qui représente 4 mètres ; puis j'ouvre le compas et je place l'autre branche sur la division entre 6 et 8, c'est-à-dire sur la division 7 ; l'ouverture du compas sera bien alors de 4,ᵐ70.

C————————————————————D

Je suppose maintenant qu'on ait le problème inverse à résoudre, et qu'ayant sur le dessin une ligne CD, on désire savoir quelle longueur naturelle elle représente. Je place une pointe du compas en C et l'autre en D; je place l'une des pointes sur l'échelle, en jugeant à l'œil à quel point elle doit tomber pour exprimer tous les mètres contenus dans la ligne CD; je suppose qu'elle tombe au point 4 et que l'autre pointe tombe au delà de zéro sur le point 7; je conclus que la ligne CD contient $4,^m70$.

Échelles réglementaires pour les dessins.

Plans généraux de polygones et de terrains.. 1^{mill} pour 2 mètres.
Plans de villes avec leurs environs......... $0^{mill}1$ pour 1 mètre.
Forts et fortifications...................... 2^{mill} pour 1 mètre.
Profils de batteries, épaulements, redoutes,
    parallèles, etc......................... 10^{mill} pour 1 mètre

Cette dernière échelle est celle dont nous venons d'indiquer la construction.

5e Leçon. De la circonférence.

LA TANGENTE A UNE CIRCONFÉRENCE EST PERPENDICULAIRE AU
RAYON, MENÉ AU POINT DE CONTACT ET RÉCIPROQUEMENT. —
LORSQUE DEUX CERCLES SE COUPENT, LA CORDE D'INTERSECTION
EST PERPENDICULAIRE A LA LIGNE QUI JOINT LES CENTRES. — LE
CENTRE D'UN CERCLE, LE MILIEU D'UNE CORDE ET DE L'ARC SE
TROUVENT SUR UNE MÊME LIGNE PERPENDICULAIRE A LA CORDE.
— ÉGALITÉ DES ARCS COMPRIS ENTRE DEUX PARALLÈLES.
MESURE DE L'ANGLE INSCRIT DANS UN SEGMENT DE CERCLE. —
L'ANGLE INSCRIT DANS UNE DEMI-CIRCONFÉRENCE EST DROIT. —
PAR UN POINT MENER UNE TANGENTE A UNE CIRCONFÉRENCE. —
FAIRE PASSER UNE CIRCONFÉRENCE PAR 3 POINTS NON EN LIGNE
DROITE.
DIVISER UN ANGLE OU UN ARC EN 2, 4, 8, ETC. PARTIES ÉGALES.

---

*Des lignes droites considérées par rapport à la circonférence
de cercle; et des circonférences de cercle considérées les unes
par rapport aux autres.*

---

69. Nous avons déjà défini la circonférence et le cercle (1re leçon);
il résulte de la courbure uniforme de la circonférence, que l'on
peut admettre, sans qu'il soit besoin d'en donner une démonstration rigoureuse :

1º *Qu'une ligne droite ne peut rencontrer une circonférence
en plus de deux points;*

2º *Que dans un même demi-cercle, la plus grande corde
soustend toujours le plus grand arc et réciproquement.*

Pour nous renfermer dans les prescriptions du programme, nous ne donnerons, parmi les nombreuses propositions relatives à la circonférence, que celles qui sont d'une application constante.

70. *Tout rayon est perpendiculaire à la tangente menée à l'extrémité de ce rayon.*

Soient le rayon CA et la tangente DB; je dis que le rayon est perpendiculaire à la tangente.

En effet, la tangente DB n'ayant qu'un point de commun avec le cercle, il s'ensuit que le rayon CA qui va du centre au point de

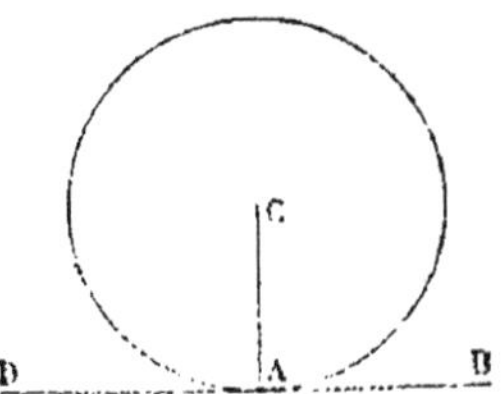

contact, est la plus courte ligne qu'on puisse tirer du centre à la tangente, et que, par conséquent (53), il est perpendiculaire à la tangente. Donc, réciproquement, *la tangente à une circonférence est perpendiculaire au rayon mené au point de contact.*

71. *La perpendiculaire élevée sur le milieu d'une corde passe toujours par le centre du cercle et par le milieu de l'arc sous tendu par cette corde.*

Soit la perpendiculaire CD élevée sur le milieu de la corde AB : je dis qu'elle passera par le centre C du cercle et par le milieu de l'arc ADB soustendu par la corde AB.

En effet, la perpendiculaire CD étant élevée sur le milieu de

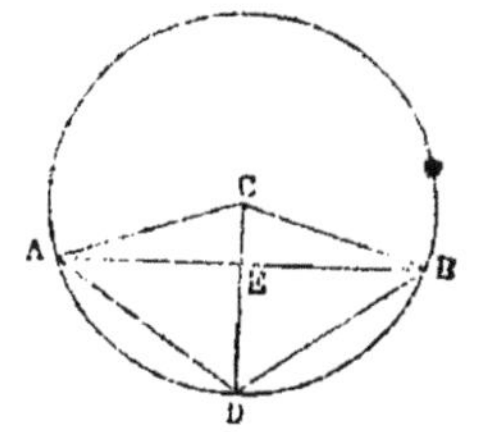

la corde AB, doit passer par tous les points également éloignés des extrémités A et B de cette corde (54); or, le centre C est un de ces points, et il est également éloigné des deux extrémités A et B, qui sont deux points de la circonférence; donc, la perpendiculaire passe par le centre du cercle.

Il n'est pas moins évident qu'elle doit passer par le milieu de l'arc; car le point D, comme appartenant à la perpendiculaire CD, étant également distant des extrémités A et B de la ligne AB, on a AD = DB; mais à des cordes égales correspondent des arcs égaux (25); donc le point D est le milieu de l'arc ADB, ou ce qui revient au même, la perpendiculaire passe par le milieu de l'arc.

72. *Lorsque deux cercles se coupent, la corde d'intersection est perpendiculaire à la ligne qui joint les centres.*

Car, la ligne AB qui joint les points d'intersection des deux cercles, est une corde commune à ces deux cercles. Or, si sur le milieu de cette corde on élève une perpendiculaire, elle doit passer par chacun des deux centres C, D (71); mais, par deux 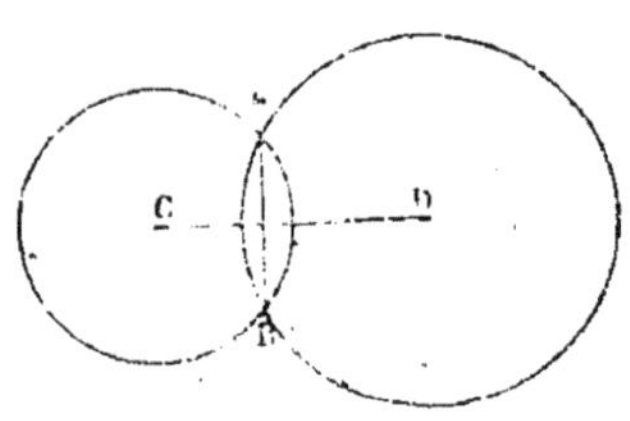

points donnés on ne peut mener qu'une seule ligne droite; donc, la ligne droite qui passe par les centres sera perpendiculaire sur le milieu de la corde commune, et réciproquement, *la corde d'intersection sera perpendiculaire à la ligne qui joint les centres;* ce qu'il fallait démontrer.

73. *Deux parallèles interceptent sur la circonférence des arcs égaux.*

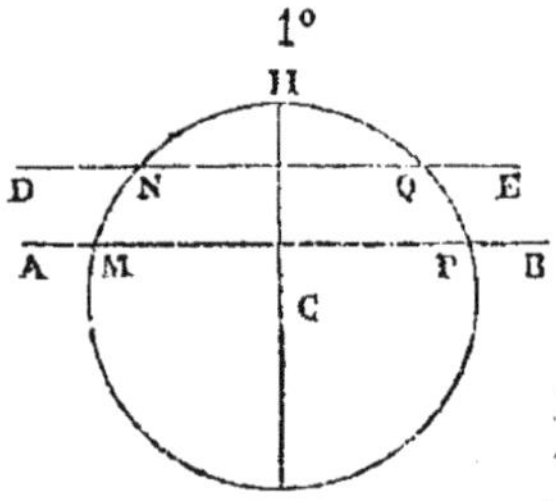
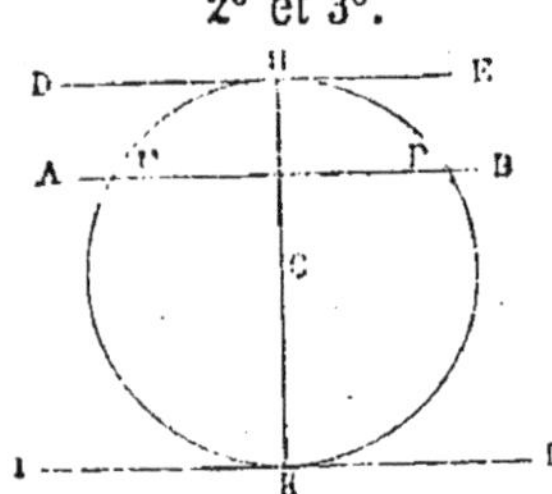

Il peut arriver trois cas :

1° Si les deux parallèles AB, DE, sont sécantes, et si l'on mène le rayon CH perpendiculaire à la corde MP, il sera en même temps perpendiculaire à sa parallèle NQ (61); donc, le point H sera à la fois le milieu de l'arc MHP et le milieu de l'arc NHQ (71); on aura donc l'arc MH = HP, et l'arc NH = HQ. Retranchant ces deux égalités l'une de l'autre, membre par membre, on aura MH — NH = HP — HQ, ou l'arc MN = PQ; ce qu'il fallait démontrer.

2° Si des deux parallèles A B, D E, l'une est sécante, l'autre tangente, au point de contact H on mène le rayon C H ; ce rayon sera perpendiculaire à la tangente D E (70) et aussi à la parallèle M P (61). Mais puisque C H est perpendiculaire à la corde M P, le point H est le milieu de l'arc M H P ; donc, les arcs M H, H P, compris entre les deux parallèles A B, D E, sont égaux.

3° Et enfin, si les deux parallèles D E, I L, sont tangentes, l'une en H, l'autre en K, en menant la sécante parallèle A B, on aura, d'après ce qui vient d'être démontré, M H = H P, et M K = K P ; donc, l'arc entier H M K = H P K ; on voit de plus que chacun de ces arcs est une demi-circonférence.

Des angles considérés dans le cercle.

74. Nous avons vu (32) qu'un angle quelconque a pour mesure le nombre de degrés de l'arc compris entre ses côtés et décrit de son sommet comme centre. Notre intention n'est pas de donner ici une nouvelle manière de mesurer les angles, mais d'établir quelques propriétés dont ils jouissent, quand on les considère dans le cercle.

Or, les angles considérés sous ce rapport prennent différents noms : on appelle *angle au centre* celui qui a son sommet au centre du cercle, et *angle inscrit,* celui dont le sommet est à la circonférence. Nous connaissons la mesure de l'angle au centre ; voyons quelle est celle de l'angle inscrit.

75. *L'angle inscrit a pour mesure la moitié de l'arc compris entre ses côtés.*

Il peut arriver deux cas, suivant que le centre du cercle est situé dans l'angle ou hors de l'angle.

1er Cas. Si le centre C est situé dans l'angle B A D, on mène par le centre le diamètre F H parallèle au côté A B, et le diamètre G E parallèle au côté A D ; l'angle B A D est égal à l'angle F C E, comme ayant leurs côtés parallèles et dirigés dans le même sens (63) ; il

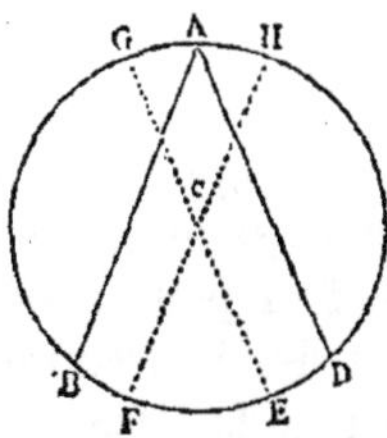

aura donc la même mesure que celui qui a son sommet au centre, c'est-à-dire qu'il aura pour mesure l'arc F E ; il ne s'agit donc que de faire voir que l'arc F E est la moitié de l'arc B F E D. Or, B F est égal à A H (73), à cause des parallèles A B, F H ; et à cause des parallèles A D, G E, l'arc E D est égal à A G ; donc, E D plus B F valent A G plus A H, c'est-à-dire G H ; mais G H, comme mesure de l'angle G C H, doit être égal à F E, mesure de l'angle F C E, qui est égal à G C H (45) ; donc, B F plus E D valent F E ; donc, F E est la moitié de l'arc B F E D ; donc, l'angle B A D a pour mesure la moitié de l'arc B F E D compris entre ses côtés.

Si le centre du cercle se trouvait sur l'un des côtés de l'angle, la démonstration serait absolument la même.

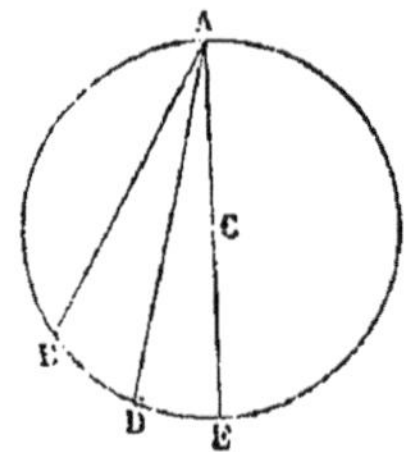

2ᵉ Cas. Si le centre C est situé hors de l'angle B A D, menez le diamètre A E ; l'angle B A E a pour mesure la moitié de l'arc B E, et l'angle D A E a pour mesure la moitié de l'arc D E ; donc, l'angle donné B A D, différence des deux angles B A E, D A E, aura pour mesure la moitié de l'arc B E, moins la moitié de l'arc D E, ou la moitié de l'arc B D compris entre ses côtés.

76. Il résulte de ce qui précède :

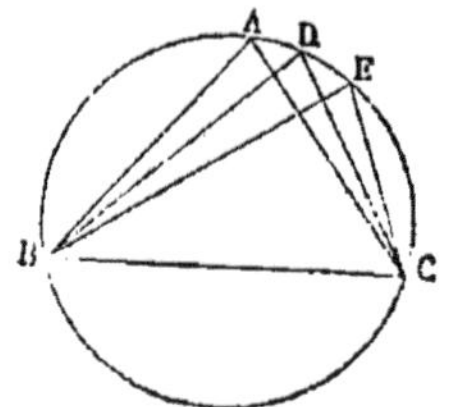

1ᵒ Que tous les angles B A C, B D C, B E C, inscrits dans le même segment, sont égaux ; car ils ont tous pour mesure la moitié de l'arc B O C compris entre leurs côtés.

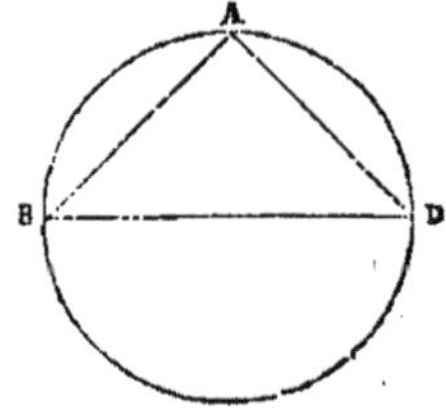

2ᵒ Que tout angle B A D, inscrit dans un demi-cercle, est un angle droit ; car il a pour mesure la moitié de la demi-circonférence ou le quart de la circonférence.

3° Qu'un angle inscrit dans un segment plus grand que le demi-cercle est un angle aigu; car il a pour mesure la moitié d'un arc moindre qu'une demi-circonférence; et, par conséquent, qu'un angle inscrit dans un segment plus petit que le demi-cercle est un angle obtus, car il a pour mesure la moitié d'un arc plus grand qu'une demi-circonférence.

77. *L'angle formé par une tangente et par une corde a pour mesure la moitié de l'arc compris entre ses côtés.*

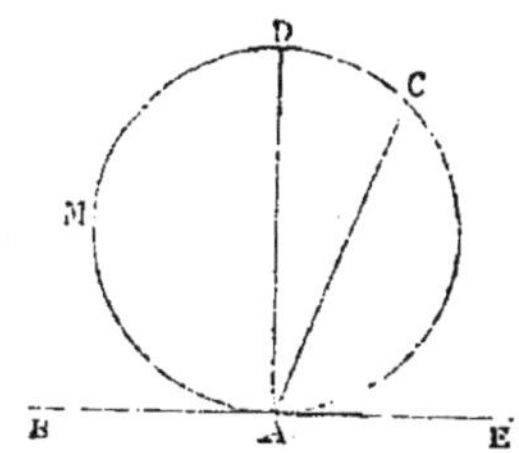

Soit l'angle B A C formé par la tangente B A et la corde A C; menez, au point de contact A, le diamètre A D, l'angle B A D est droit (70; il a donc pour mesure le quart de la circonférence ou la moitié de A M D; l'angle D A C a pour mesure la moitié de D C (75);

donc, B A D + D A C ou B A C a pour mesure la moitié de l'arc A M D, plus la moitié de l'arc D C, ou la moitié de l'arc entier A M D C compris entre ses côtés.

On démontrerait de même que l'angle C A E, formé par la tangente A E et la corde A C, a pour mesure la moitié de l'arc A C compris entre ses côtés.

Applications.

Plusieurs applications découlent des démonstrations qui précèdent; nous allons donner les principales, qui sont d'ailleurs celles indiquées par le programme.

78. *Par un point mener une tangente à une circonférence.*

Il peut se présenter deux cas, suivant que le point est sur la circonférence ou hors de la circonférence.

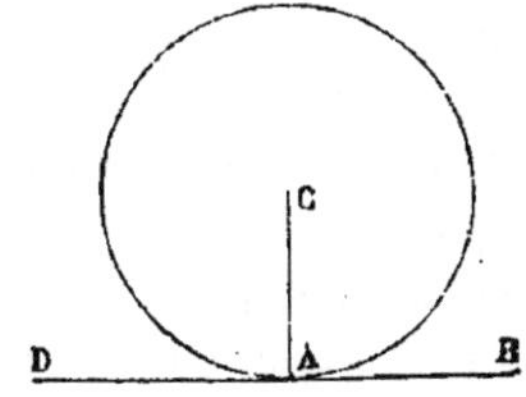

1er Cas. Si le point A est sur la circonférence, tirez le rayon C A et menez D B perpendiculaire à C A, et comme toute ligne perpendiculaire à l'extrémité du rayon est une tangente (70), D B sera la tangente demandée.

2e Cas. Si le point A est hors de la circonférence, joignez le point A et le centre du cercle par la ligne droite C A ; divisez cette ligne en deux parties égales au point O ; du point O, comme centre, et du rayon O C, décrivez une circonférence qui coupera la circonférence donnée au point B ; tirez A B, et AB sera la tangente demandée.

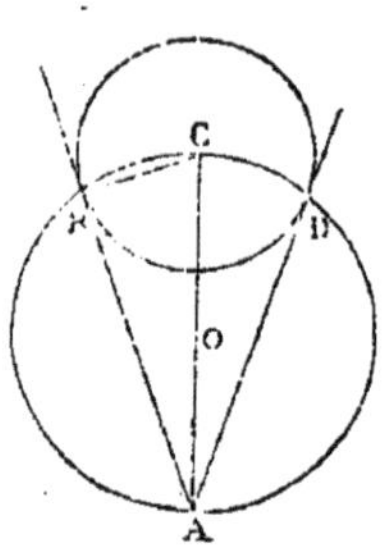

Car si l'on mène C B, l'angle A B C, inscrit dans la demi-circonférence, est un angle droit (76); donc, A B est perpendiculaire à l'extrémité du rayon C B, dont elle est tangente.

On voit, par la construction qui précède, que quand le point A est hors du cercle, il y a toujours deux tangentes A B, A D, qui passent par le point A.

79. *Mener une perpendiculaire à l'extrémité d'une ligne que l'on ne peut prolonger.*

Cette nécessité se présente souvent sur le papier au bord des feuilles, et sur le terrain auprès des murailles, des haies, des fossés, etc. ; d'ailleurs, il est nécessaire de pouvoir vérifier les angles droits, et c'est à quoi on arrive facilement par le procédé suivant :

Construction sur le papier.

Soit la ligne B D au point B de laquelle il faut élever une perpendiculaire, le point B étant sur le bord de la feuille : on placera une pointe de compas en R, et l'autre arbitrairement en C ; on fera tourner le compas autour du

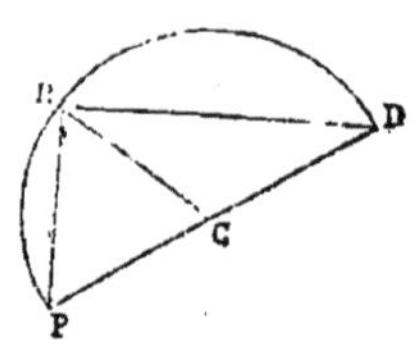

point C, jusqu'à ce que l'autre pointe rencontre la ligne donnée en un certain point D ; on mènera par les points D, C, une ligne indéfinie sur laquelle on prendra P C = C D ; puis on mènera B P, qui sera la perpendiculaire demandée.

Il est facile de voir, en effet, que l'angle D B P, s'appuyant sur un diamètre, est droit (76).

On pourrait suppléer à cette construction par l'usage de l'équerre.

Construction sur le terrain.

Soit A B la ligne donnée, en un point A de laquelle il faut élever une perpendiculaire : on fixera au point A et en un autre point arbitraire B les deux extrémités d'un cordeau à nœud, et l'on tendra ce cordeau ; soit N la position que prendra ce nœud : on y place un piquet; on détache le cordeau du point A, et on le 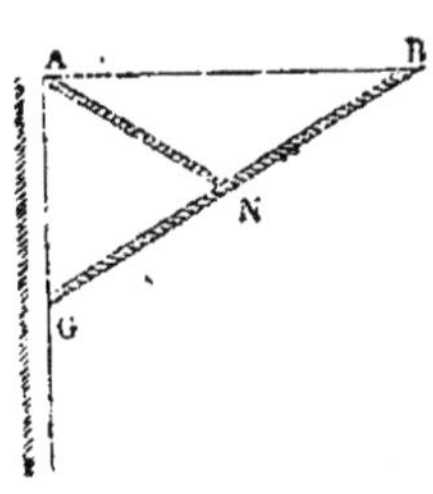 tend en ligne droite, de manière à ce qu'il touche le piquet N, et soit G la position que prendra alors l'extrémité qui était précédemment en A : en menant A G on aura la perpendiculaire demandée. Ceci se démontre de la même manière que la construction sur le papier, dont celle-ci est l'imitation.

On peut également suppléer à cette construction par l'usage de l'équerre de corde, dont nous parlerons dans la leçon suivante.

80. *Faire passer une circonférence par trois points, non en ligne droite.*

Soient A, B, G, ces trois points : en tirant les lignes droites A B, B G, elles seront deux cordes de la circonférence qu'il s'agit de décrire.

On élève une perpendiculaire sur le milieu de A B; on fait la même chose sur le milieu de B G ; 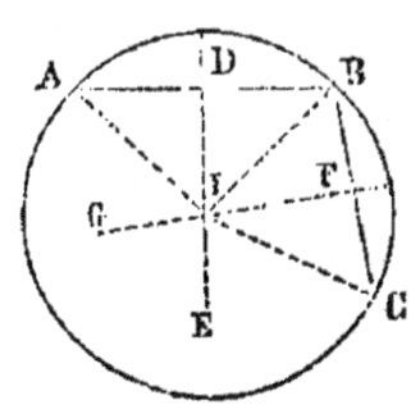 le point I, où se rencontreront les deux perpendiculaires, sera le centre du cercle qui aurait pour rayons les obliques égales A I, I B, I C; car le centre devant se trouver à la fois sur les lignes D E, F G, ne peut se trouver qu'au point où elles se rencontrent.

S'il s'agissait de retrouver le centre d'un cercle ou d'un arc décrit, il n'y aurait qu'à marquer trois points à volonté sur ce cercle ou sur cet arc, et à opérer comme on vient de l'enseigner.

81. *Diviser un angle ou un arc en 2, 4, 8, etc., parties égales.*

1° S'il faut diviser l'arc A B en deux parties égales, des points A et B comme centres, et avec un rayon plus grand que la moitié de A B, on décrit deux arcs de cercle qui se coupent au point D, et par le centre C on tire la ligne C D ; cette ligne coupera l'arc A B en deux parties égales au point E.

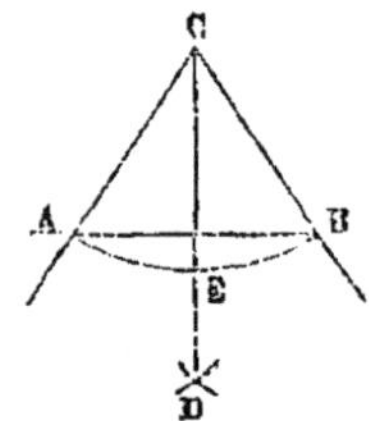

Car les deux points C et D sont également distants des extrémités A et B de la corde A B ; donc, la ligne C D est perpendiculaire sur le milieu de cette corde (71) ; elle divise, par conséquent, l'arc A E B en deux parties égales.

2° S'il faut diviser en deux parties égales l'angle A C B, on commencera par décrire du sommet C, comme centre, et d'un rayon suffisamment grand, l'arc A E B qui coupe les deux côtés de l'angle aux deux points A et B, et le reste comme il vient d'être démontré pour la division de l'arc. Il est évident, en effet, que si les arcs A E et E B sont égaux, les angles A C E, E C B, qui correspondent à ces arcs, seront égaux (32), et que, par conséquent, l'angle A C B sera partagé en deux parties égales.

82. Si l'opération se fait sur le terrain, et qu'il s'agisse de partager un angle, on prendra sur les côtés deux longueurs égales ; on joindra les extrémités par une corde, et l'on en prendra le milieu, qu'on joindra au sommet de l'angle par une ligne qui le divisera en deux parties égales. Pour ce qui est d'un arc, on pourrait exécuter la même construction que sur le papier, mais en se servant de perches ou de cordeaux.

On voit qu'on peut, par le même moyen, *diviser* un angle ou un arc en 4, 8, 16, 32 parties égales, en divisant toujours en deux chacune des parties obtenues précédemment. Si l'on veut diviser en 3, 5, 7 parties, la géométrie élémentaire ne fournit pas de procédé particulier ; il faut recourir au tâtonnement.

6ᵉ Leçon. Triangles.

Sommets et cotés d'un triangle, base et hauteur. — La somme des trois angles d'un triangle est égale a 2 angles droits. — Deux triangles sont égaux : 1° quand ils ont un angle égal compris entre deux cotés égaux ; 2° quand ils ont un coté égal adjacent a deux angles égaux ; 3° quand ils ont leurs trois cotés égaux chacun a chacun.

Deux triangles rectangles sont égaux, quand ils ont l'hypothénuse égale et un coté de l'angle droit égal.

Dans le triangle isocèle les angles opposés aux cotés égaux sont égaux. — Les angles d'un triangle équilatéral valent chacun 60 degrès. — Construire un triangle égal a un triangle donné. — Tracer les angles de 45° et de 60°.

---

83. On appelle *triangle* la portion de plan comprise entre trois lignes droites qui se coupent deux à deux. Les points de rencontre sont les *sommets* du triangle, et les distances de ces sommets en sont les *côtés*. Les angles formés par les côtés sont les *angles* du triangles.

Tout triangle, tel que A B C, a six parties ou éléments; trois côtés A B, B C, A C, et trois angles A, B, C.

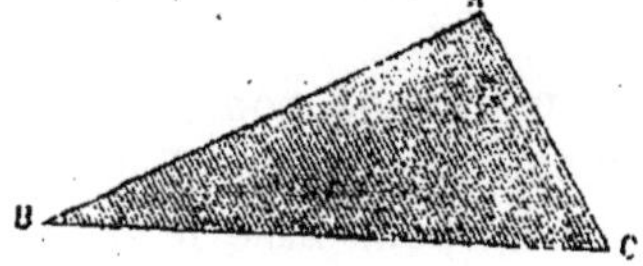

84. Un triangle peut être *équilatéral, isocèle* ou *scalène*.

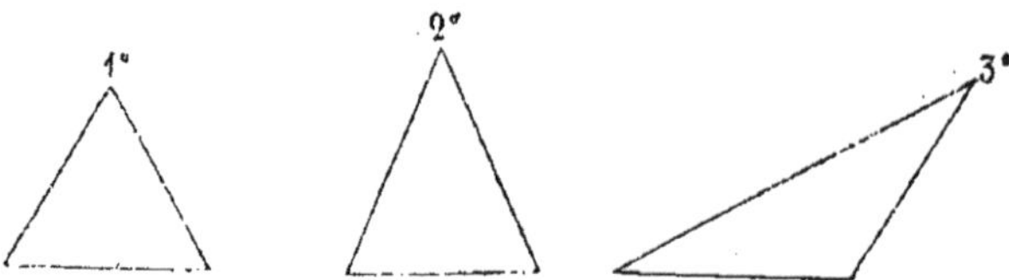

1º Un triangle est équilatéral lorsque ses trois côtés sont égaux ; nous démontrerons plus loin qu'il est en même temps équiangle, c'est-à-dire qu'il a ses angles égaux.

2º Un triangle est isocèle lorsque deux côtés seulement sont égaux ; nous démontrerons que les deux angles opposés aux côtés égaux sont égaux.

3º Un triangle est scalène, lorsque ses trois côtés sont inégaux.

Outre cela, un triangle peut avoir l'un de ses angles droits ; on l'appelle alors *triangle rectangle*. Le côté opposé à l'angle droit se nomme *hypothénuse*.

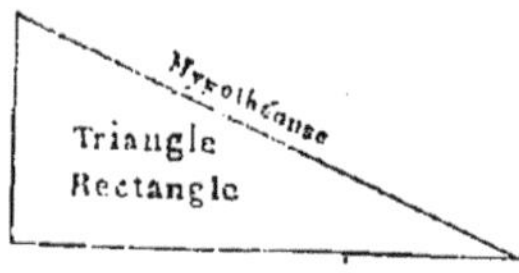

Un triangle rectangle peut être isocèle ou scalène ; mais il ne saurait être équilatéral.

85. La *hauteur* d'un triangle est la perpendiculaire abaissée de l'un des sommets sur le côté opposé ou sur son prolongement. Le côté sur lequel tombe la perpendiculaire s'appelle alors la *base* du triangle, et l'angle opposé à la base est le *sommet* du triangle.

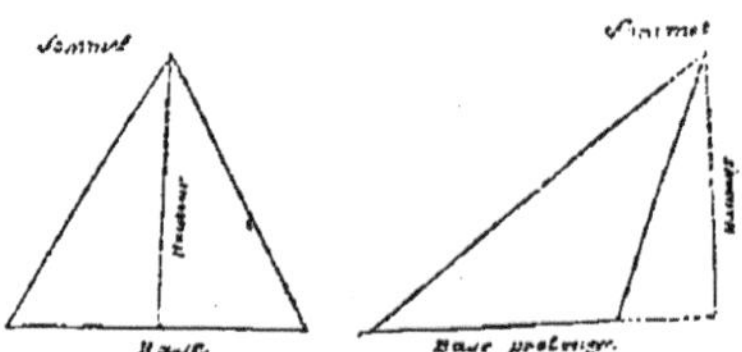

Dans un triangle non isocèle, on prend indifféremment pour base un côté quelconque. Dans le triangle isocèle, on prend particulièrement pour base le côté qui n'est point égal à l'un des deux autres.

Propositions.

86. *La somme des trois angles d'un triangle est égale à deux droits ou à 180°.*

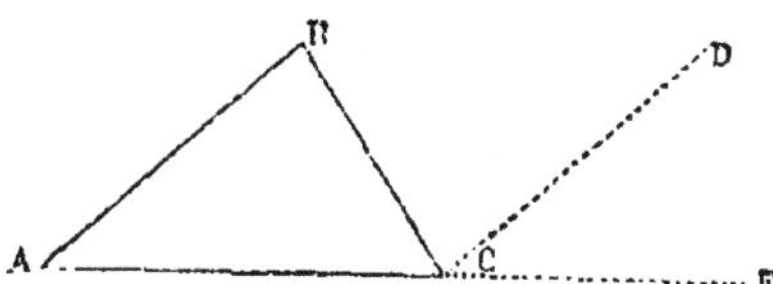

Prolongez le côté AC vers E, et menez la ligne CD parallèle à AB.

Les lignes AB, CD, étant parallèles, les angles BAC, DCE, sont égaux comme correspondants (62); mais les angles ABC, BCD, sont aussi égaux comme alternes internes (62); donc les deux angles BAC, ABC, sont égaux aux deux angles DCE, BCD, ou à leur somme BCE; mais l'angle ACB est le supplément de BCE (43); donc les deux angles BAC, ABC, ont le même supplément, et, par conséquent, les trois angles du triangle valent ensemble deux droits ou 180°.

87. On peut conclure de ce qui précède:

1° Que l'angle extérieur d'un triangle quelconque est égal à la somme des deux intérieurs opposés.

2° Que dans un triangle, il ne peut y avoir qu'un seul angle droit; car s'il y en avait deux, le troisième devrait être nul; à plus forte raison, un triangle ne peut-il avoir qu'un seul angle obtus.

3° Que dans un triangle rectangle, les deux angles aigus sont égaux à un angle droit; car dès que l'un des angles du triangle est de 90°, il ne reste plus que 90° pour les deux autres ensemble.

4° Que connaissant deux angles, ou seulement la somme de deux angles d'un triangle, on connaîtra le troisième angle en retranchant la somme des deux angles connus de deux droits ou de 180°.

5º Que lorsque deux angles d'un triangle sont égaux à deux angles d'un autre triangle; le troisième angle du premier est nécessairement égal au troisième du second, puisque les trois angles de chaque triangle font 180°.

88. *Dans un triangle un côté quelconque est plus petit que la somme des deux autres.*

Car, la ligne droite BC, par exemple, est le plus court chemin du point B au point C; donc BC est plus petit que AB + AC.

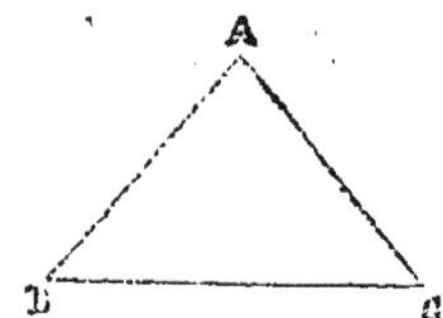

89. *Si deux angles d'un triangle sont égaux, les côtés qui leur sont opposés seront aussi égaux et réciproquement; si deux côtés d'un triangle sont égaux, les angles opposés à ces côtés seront égaux.*

Nous avons vu (80) qu'on pouvait toujours faire passer une circonférence de cercle par trois points non en ligne droite ; on pourra donc faire passer une circonférence de cercle par les trois angles du triangle ABC; si les angles ABC,

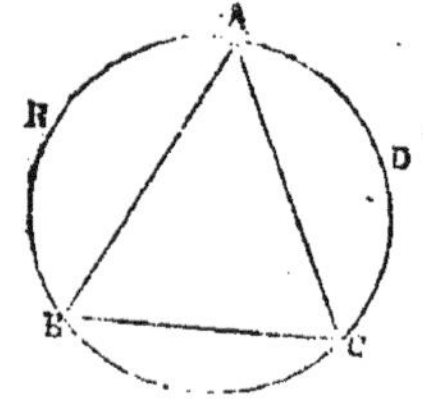

ACB, de ce triangle sont égaux, les arcs ADC, ARB, compris entre leurs côtés, et dont les moitiés leur servent de mesure (75) seront égaux; donc la corde AC opposée à l'angle ABC sera égale à la corde AB opposée à l'angle ACB, ce qu'il fallait démontrer.

Réciproquement, si les côtés AB, AC, du triangle ABC sont égaux, les angles ACB, ABC, seront égaux; en effet, l'angle inscrit ACB, opposé au côté AB, a pour mesure la moitié de l'arc ARB compris entre ses côtés, et l'angle inscrit ABC, opposé au côté AC, a pour mesure la moitié de l'arc ADC compris entre ses côtés; les deux arcs étant égaux, les deux angles ont la même mesure ; donc ils sont égaux.

90. Il résulte de ce qui précède :

1º Que dans un triangle isocèle, les angles opposés aux côtés égaux sont égaux.

3

2º Que dans un triangle équilatéral les trois angles sont égaux, et comme ils valent 180º, chacun d'eux vaudra le tiers de 180º, ou 60º.

3º Que dans un triangle quelconque, les angles opposés aux côtés égaux sont égaux et réciproquement.

91. *Dans un même triangle le plus grand côté est opposé au plus grand angle, le plus petit côté au plus petit angle et réciproquement.*

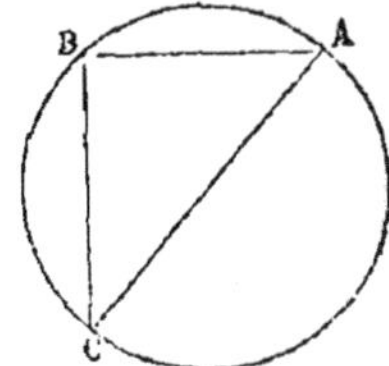

Soit le triangle ABC : si l'angle ABC est plus grand que l'angle ACB, l'arc AC sera plus grand que l'arc AB, et par conséquent la corde AC, opposée à l'angle ABC, sera plus grande que la corde AB, opposée à l'angle ACB.

De l'égalité des triangles.

Les caractères auxquels on reconnaît que deux triangles sont égaux, sont au nombre de trois :

92. 1º *Deux triangles sont égaux, lorsqu'ils ont un angle égal compris entre deux côtés égaux chacun à chacun.*

Soit l'angle A = D, le côté AB = DE et le côté AC = DF : je dis que les deux triangles ABC, DEF, seront égaux.

En effet, si l'on place le côté DE sur son égal AB, le point D tombera en A, et le point E en B; mais puisque l'angle D est égal à l'angle A, dès que le côté DE sera placé sur AB, le côté DF prendra la direction de AC; de plus, DF est égal à AC; donc le point F tombera en C, et le troisième côté EF couvrira exactement le troisième côté BC; donc le triangle DEF est égal au triangle ABC.

93. 2° *Deux triangles sont égaux lorsqu'ils ont un côté égal adjacent à deux angles égaux chacun à chacun.*

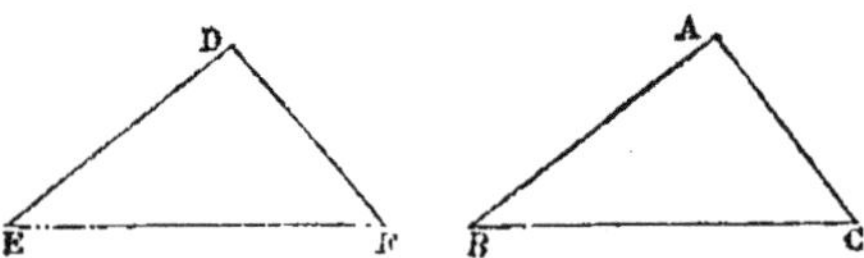

Soit le côté BC = EF, l'angle B = E, et l'angle C = F : je dis que le triangle DEF sera égal au triangle ABC.

Car, si l'on place le côté EF sur son égal BC, le point E tombera en B, et le point F en C. Puisque l'angle E est égal à l'angle B, le côté ED prendra la direction de AB, et le point D se trouvera sur quelque point de la ligne AB. De même, puisque l'angle F = C, le côté DF prendra la direction de AC, et le point D se trouvera sur quelque point de la ligne AC; donc le point D qui doit se trouver à la fois sur les deux lignes BA, CA, tombera sur leur intersection A; donc les deux triangles ABC, DEF, coïncident l'un avec l'autre et sont égaux.

94. 3° *Deux triangles sont égaux, quand ils ont les trois côtés égaux chacun à chacun.*

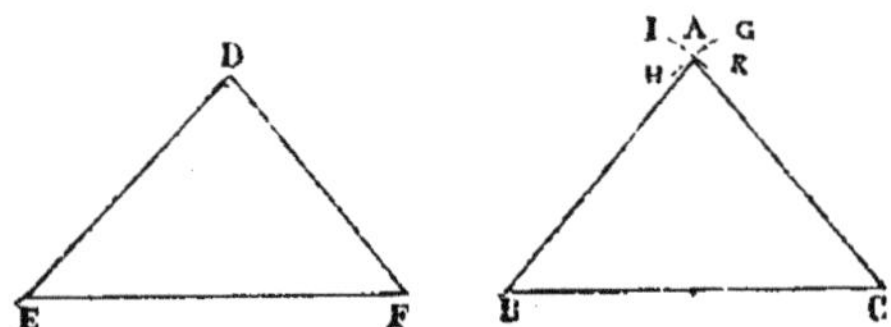

Soit le côté AB = DE, le côté AC = DF, et le côté BC = EF : je dis que les triangles ABC, DEF, seront égaux.

En effet, si l'on applique le côté EF sur le côté BC, le point E tombera en B, et le point F en C; maintenant, si l'on couche le plan de la figure DEF sur le plan de la figure ABC, et qu'on décrive des points B et C comme centres, et des rayons AB, AC, deux arcs de cercles IK, HG, qui se coupent en A, il est évident que le point D tombera sur quelque point de l'arc IK, puisque le côté DE est égal au côté AB; que le même point D tombera sur quelque point de l'arc GH, puisque le côté DF est égal au côté AC; donc le point D qui doit se trouver à la fois sur les deux arcs IK, GH, tombera sur leur intersection A; donc les deux triangles ABC, DEF, coïncident l'un avec l'autre et sont égaux.

95. *Deux triangles rectangles sont égaux, lorsqu'ils ont l'hypothénuse égale et un côté égal.*

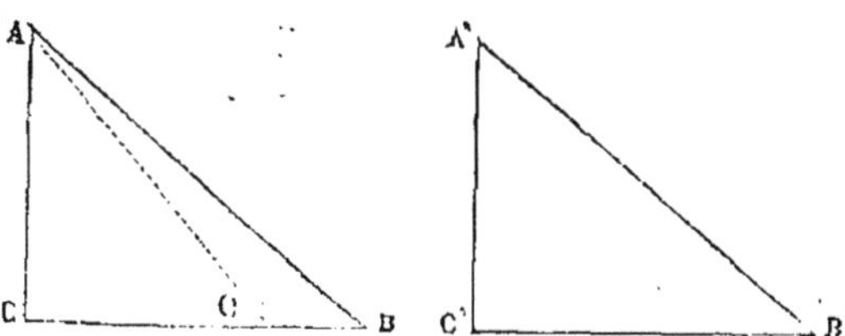

Soit l'hypothénuse AB égale à l'hypothénuse A'B' et le côté AC = A'C' : je dis que les deux triangles ABC, A'B'C', sont égaux.

L'égalité serait manifeste, si le troisième côté CB était égal au troisième C'B'; supposons donc que ces côtés ne soient pas égaux, et que BC soit le plus grand. Prenons CO = C'B' et joignons AO. Le triangle ACO est égal au triangle A'C'B'; car l'angle droit C est égal à l'angle droit C', le côté AC = A'C' et le côté CO = C'B'; donc ces deux triangles sont égaux (92), et l'on a, par conséquent, AO = A'B'; mais, par hypothèse, AB = A'B'; donc AO = AB. Mais l'oblique AO ne peut être égale à l'oblique AB (53), puisqu'elle est plus éloignée du pied de la perpendiculaire AC; donc il est impossible que CB diffère de C'B'; donc le triangle ABC est égal au triangle A'B'C'.

96. Bien que nous ne devions parler du carré que dans la leçon suivante , nous croyons devoir faire connaître ici une propriété importante qui se démontre parfaitement et qu'il suffira aux élèves d'admettre ; c'est que *le carré fait sur l'hypothénuse d'un triangle rectangle est égal à la somme des carrés faits sur les deux autres côtés.*

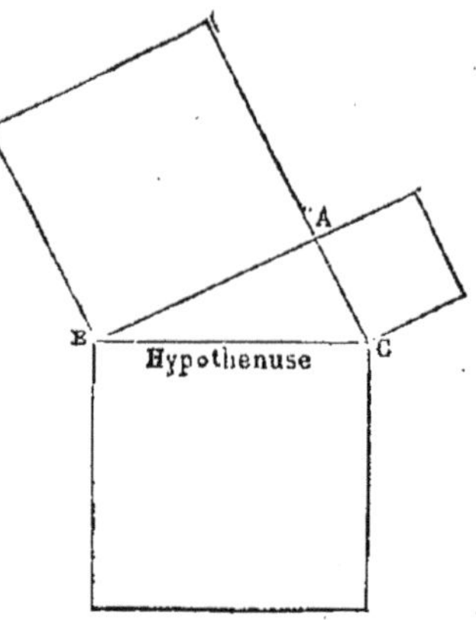

Ce qui s'exprime ainsi : $\overline{BC}^2 = \overline{AB}^2 + \overline{AC}^2$ ou $\overline{AB}^2 + \overline{AC}^2 = \overline{BC}^2$.

97. En retranchant $\overset{2}{AC}$ des deux membres de cette dernière égalité , elle devient $\overline{AB}^2 + \overline{AC}^2 - \overline{AC}^2 = \overline{BC}^2 - \overline{AC}^2$ et en supprimant dans le premier membre $\overline{AC}^2 - \overline{AC}^2$ qui se

détruisent, on a $\overline{AB}^2 = \overline{BC}^2 - \overline{AC}^2$; si l'on avait retranché $\overline{AB}^2$ des deux membres de la même égalité, elle serait devenue $\overline{AC}^2 = \overline{BC}^2 - \overline{AB}^2$, c'est-à-dire que *le carré d'un des côtés de l'angle droit est égal au carré de l'hypothénuse, moins le carré de l'autre côté.*

98. La propriété du carré de l'hypothénuse donne lieu à plusieurs applications importantes qui seront l'objet de la deuxième partie de ce traité ; nous allons nous en servir , dès maintenant, pour construire l'équerre de corde que l'on emploie , ainsi que nous l'avons dit (79) , pour mener sur le terrain une perpendiculaire à l'extrémité d'une droite qu'on ne peut prolonger.

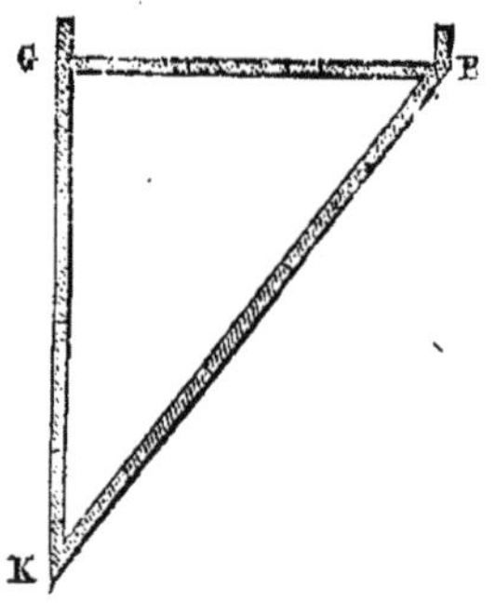

On prend sur une corde quelconque trois longueurs égales , trois mètres par exemple ; puis à la suite une longueur de quatre mètres , puis une longueur de cinq mètres , et l'on sépare les divisions par des nœuds. On réunit ensuite les extrémités du cordeau de manière à le fermer ; si l'on tend ce cordeau sur le terrain , les trois nœuds coïncidant avec des piquets, on aura un triangle rectangle, puisque le carré 25 de l'hypothénuse égale la somme 9 + 16 des carrés des côtés.

99. Voici comment on procède pour mener une perpendiculaire avec ce cordeau. Soit un point *G* donné sur une ligne droite ; on placera en *G* le nœud qui sépare la longueur 5 de la longueur 4 et le cordeau tendu donnera par son nœud *K* un second point de la perpendiculaire ; on n'aura plus que des jalons à placer entre ces deux points.

De quelques problèmes relatifs aux triangles.

100. *Deux angles d'un triangle étant donnés, trouver le troisième.*

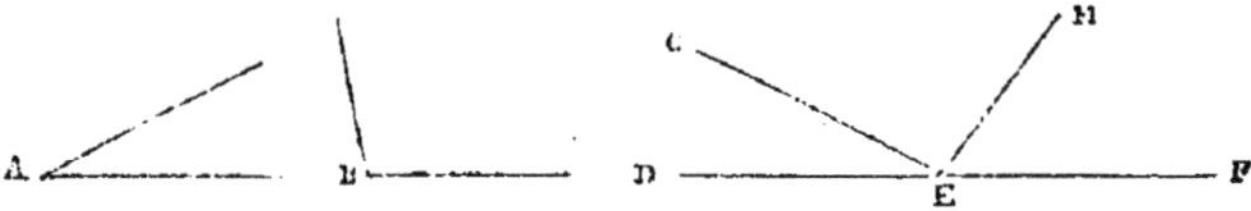

Tirez la ligne indéfinie DEF; faites au point E l'angle DEC = A, et l'angle CEH = B, l'angle restant HEF sera le troisième angle demandé, car ces trois angles pris ensemble valent deux angles droits.

101. *Étant donnés deux côtés d'un triangle et l'angle qu'ils comprennent décrire le triangle.*

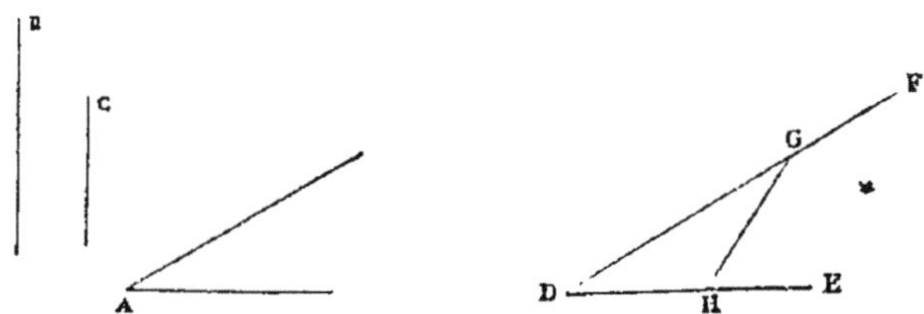

Après avoir tiré la ligne indéfinie DE, faites au point D l'angle EDF égal à l'angle donné A; prenez ensuite le côté DG = B, le côté DH = C et tirez GH; DGH sera le triangle demandé (92).

102. *Étant donnés un côté et deux angles d'un triangle, décrire le triangle.*

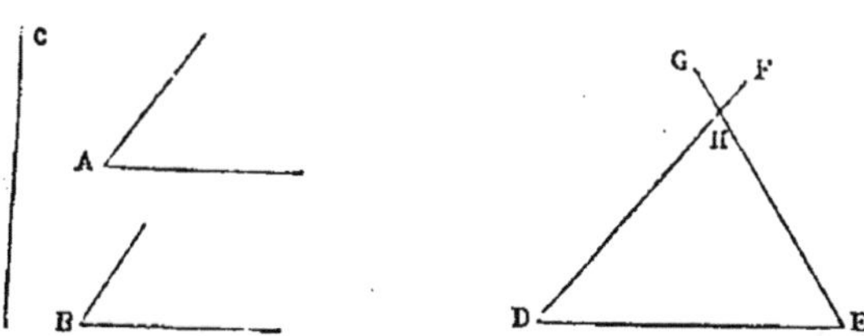

Il peut se présenter deux cas, suivant que les deux angles A et B sont adjacents au côté donné C, ou l'un seulement adjacent et l'autre opposé.

1ᵉʳ Cas. Tirez la droite D E égale au côté donné C; faites au point D l'angle E D F égal à l'un des angles adjacents A, et au point E l'angle D E G égal à l'autre angle adjacent B; les deux lignes DF, GE, se couperont au point H et DEH sera le triangle demandé (93).

2ᵉ Cas. Si l'angle A, par exemple, est adjacent et l'autre B opposé, cherchez le troisième par le procédé indiqué plus haut (100); soit C, cet angle; vous aurez le deuxième angle adjacent, et vous procèderez comme dans le premier cas

103. *Les trois côtés d'un triangle étant donnés, construire le triangle.*

Tirez DE égal au côté A; du point D comme centre et d'un rayon égal au second côté B, décrivez un arc de cercle; du point E comme centre et d'un rayon égal au troisième côté C, décrivez un arc qui coupe le premier en F; tirez DE, EF, et DEF sera le triangle demandé.

Il est évident que si l'un des côtés était plus grand que la somme des deux autres, ou égal à la somme des deux autres, les arcs ne se couperaient pas; mais la solution sera toujours possible, si la somme de deux côtés, pris comme l'on voudra, est plus grande que le troisième.

104. *Étant donnés deux côtés d'un triangle, avec l'angle opposé au second de ces côtés, décrire le triangle.*

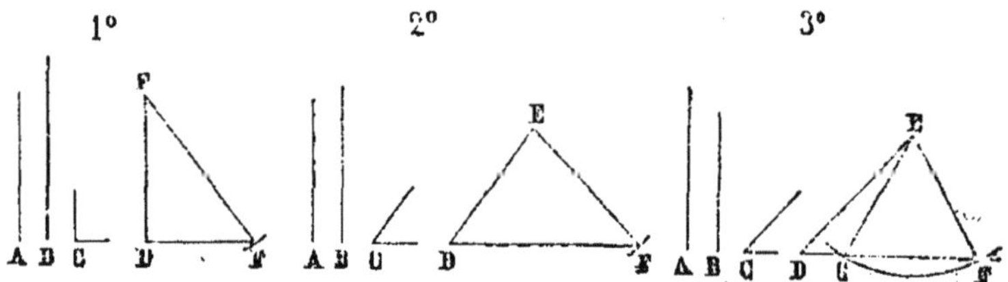

1° Si l'angle C est droit ou obtus, faites l'angle EDF égal à l'angle C, prenez DE = A; du point E comme centre et d'un rayon égal au second côté opposé B, décrivez un arc de cercle qui coupe en F la ligne DF; tirez EF et DEF sera le triangle demandé.

Il faut, dans ce premier cas, que le côté B soit plus grand que A; car l'angle C, étant droit ou obtus, est le plus grand des angles du triangle; donc le côté opposé doit être aussi le plus grand.

2° Si l'angle C est aigu et que le côté B soit plus grand que le côté A, la même construction a toujours lieu, et le triangle DEF est le triangle demandé.

3° Si l'angle C est aigu, et que le côté B soit moindre que A, l'arc décrit du centre E avec le rayon EF = B coupera le côté DF en deux points F et G situés d'un même côté de D, et il y aura deux triangles DEF, DEG, qui satisferont également au problème.

Il est évident que, dans tous les cas, le problème serait impossible, si le côté B était plus petit que la perpendiculaire abaissée du point E sur la ligne DF.

105. *Tracer un angle de 45°.*

Faites l'angle droit ABC; prenez sur les côtés indéfinis de cet angle deux quantités AB, BC, égales; tirez AC et l'un des deux angles A, C, sera l'angle demandé. En effet, dans un triangle rectangle les deux angles aigus

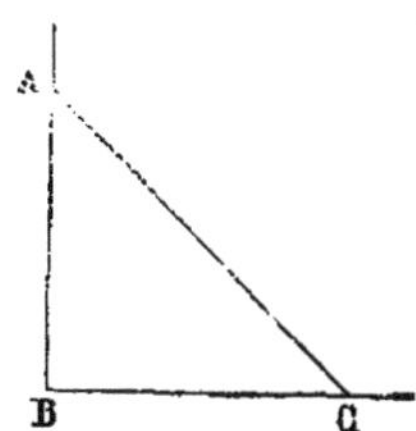

valent un droit ou 90° (87); mais ici ces angles sont égaux comme opposés à des côtés égaux; donc chacun d'eux vaut 45°.

106. *Tracer un angle de 60°.*

Tirez une ligne DE d'une longueur quelconque; des points D et E comme centres et d'un rayon égal à cette ligne, décrivez deux arcs de cercles qui se coupent au point F; tirez DF, EF, et l'un des trois angles du triangle DEF

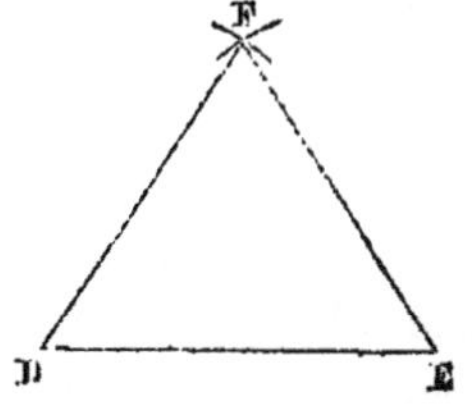

sera l'angle demandé. En effet, le triangle DEF étant équilatéral, chacun de ses angles vaut 60° (90).

7ᵉ Leçon. Des polygones.

LA SOMME DES ANGLES D'UN QUADRILATÈRE VAUT QUATRE ANGLES DROITS.

VARIÉTÉS DE QUADRILATÈRES. — TRAPÈZE, PARALLÉLOGRAMME, LOSANGE, RECTANGLE, CARRÉ. — DANS UN PARALLÉLOGRAMME LES COTÉS OPPOSÉS SONT ÉGAUX. — CE QU'ON APPELLE POLYGONE RÉGULIER. — INSCRIRE DANS UN CERCLE : 1° UN TRIANGLE ÉQUILATÉRAL ; 2° UN CARRÉ ; 3° UN HEXAGONE RÉGULIER.

DISTINCTION A ÉTABLIR ENTRE L'ÉGALITÉ, L'ÉQUIVALENCE ET LA SIMILITUDE DE DEUX POLYGONES. — DEUX POLYGONES SEMBLABLES ONT LA MÊME FORME ET NE DIFFÈRENT QUE PAR LES DIMENSIONS QUI SONT DANS UN RAPPORT CONSTANT. — FAIRE COMPRENDRE QUE POUR OBTENIR CES CONDITIONS, IL FAUT QUE LES ANGLES DE L'UN SOIENT ÉGAUX A CEUX DE L'AUTRE (PRIS DANS LE MÊME ORDRE). — LE RAPPORT CONSTANT ENTRE LES COTÉS DU PLUS PETIT ET CEUX DU PLUS GRAND SE NOMME ÉCHELLE DE PROPORTION.

Des quadrilatères.

107. Un *quadrilatère* est l'espace qu'interceptent sur un plan quatre portions de droites qui ont deux à deux une extrémité commune.

Tout quadrilatère ABCD a huit parties, savoir : quatre côtés AB, BC, CD, AD, et quatre angles A, B, C, D.

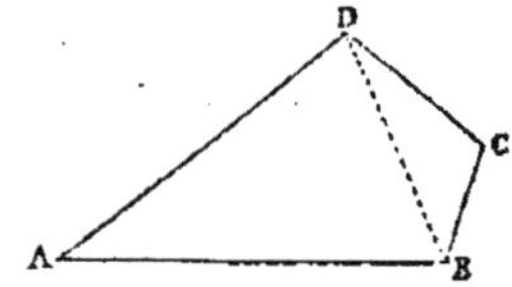

On nomme *diagonales* d'un quadrilatère les droites AC, BD, qui unissent les sommets A et C, D et B des angles opposés.

108. On distingue cinq espèces de quadrilatères : le *trapèze*, le *parallélogramme* ou *rhombe*, le *losange*, le *rectangle* et le *carré*.

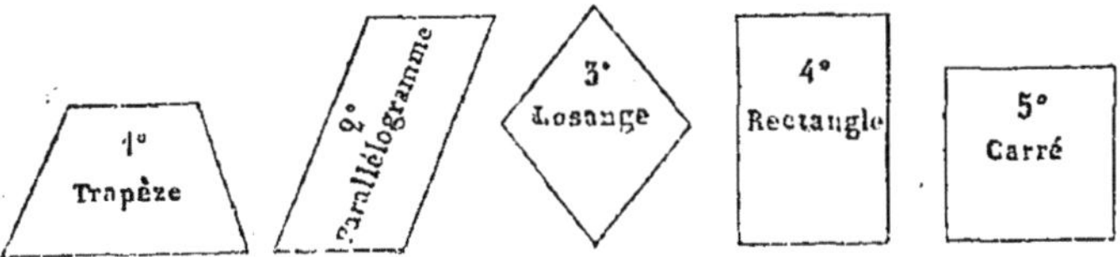

On appelle 1° trapèze, un quadrilatère dont deux côtés opposés sont parallèles; 2° parallélogramme ou rhombe, un quadrilatère dont les côtés opposés sont parallèles deux à deux; 3° losange, un quadrilatère dont les quatre côtés sont égaux sans que les angles soient droits; 4° rectangle, un quadrilatère dont les quatre angles sont droits; 5° et enfin carré, un quadrilatère dont les côtés sont égaux et dont les angles sont droits.

Chacun des quadrilatères désignés ci-dessus a deux bases parallèles. La hauteur d'un quadrilatère est la perpendiculaire élevée sur l'une des deux bases jusqu'à la rencontre de l'autre. On a vu (61) que cette perpendiculaire doit être aussi perpendiculaire à la seconde base.

109. *La somme des quatre angles d'un quadrilatère est égale à quatre angles droits.*

En effet, si dans le quadrilatère A B C D on tire la diagonale B D, la somme des trois angles A, A B D, A D B, du triangle A B D est égale à 2 droits, ainsi que la somme des trois angles C, C D B, D B C du triangle B C D; donc, la somme de ces six angles vaut

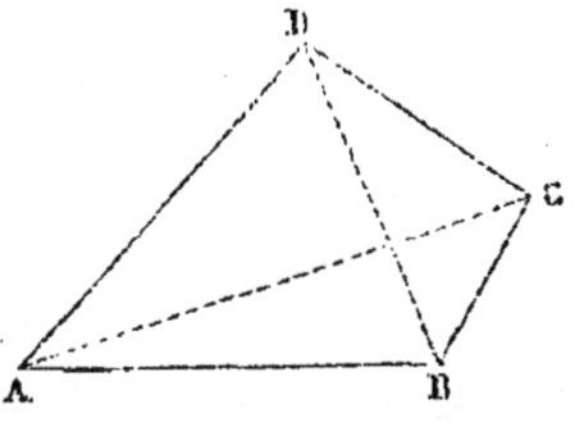

4 droits; mais les angles ABD + DBC = ABC, et les angles ADB + BDC = ADC; donc les quatre angles A + ABC + C + ADC sont égaux à 4 angles droits; ce qu'il fallait démontrer.

Il résulte de ce qui précède, que tout quadrilatère qui a ses angles égaux est un rectangle ou un carré.

110. *Les côtés opposés d'un parallélogramme sont égaux,
ainsi que les angles opposés.*

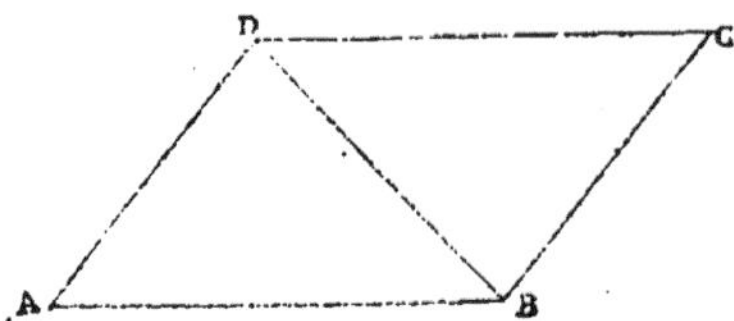

Si l'on tire la diagonale D B, les deux triangles A D B, B C D, ont
le côté D B commun. De plus, à cause des parallèles A B, C D, les
angles A B D, B D C, sont égaux comme alternes internes (62), et à
cause des parallèles, A D, B C, les angles A D B, D B C, sont égaux
par la même raison; donc les deux triangles A D B, B C D, sont
égaux (93); donc le côté A D, opposé à l'angle A B D, est égal
au côté B C, opposé à l'angle égal B D C, et pareillement le troisième côté A B est égal au troisième D C; donc, les côtés opposés
d'un parallélogramme sont égaux.

Il résulte de l'égalité des mêmes triangles que l'angle A est égal
à son opposé C; que l'angle A B C, composé des deux angles
A B D, D B C, est égal à l'angle opposé A D C, composé des deux
angles A D B, B D C, et que, par conséquent, les angles opposés
d'un parallélogramme sont égaux.

Il est évident, d'après cela, que deux parallèles A B, C D, comprises entre deux autres parallèles A D, B C, sont égales.

Des Polygones.

111. On appelle, en général, *polygone,* l'espace qu'interceptent sur un plan plusieurs portions de droites qui ont, deux à
deux, une extrémité commune.

Tout polygone a autant d'angles
que de côtés; ainsi, ce polygone
a cinq côtés, A B, B C, C D, D E,
E A et cinq angles A, B, C, D, E.

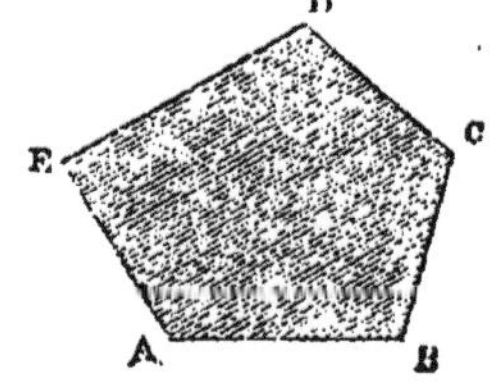

112. Quand les côtés sont en
nombre pair, les côtés sont

opposés deux à deux ; quand ils sont en nombre impair, chaque côté est opposé à un angle.

113. Les angles que peut former un polygone prennent différents noms.

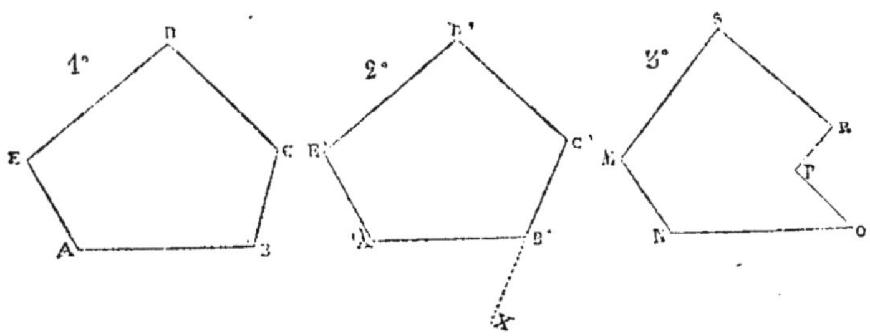

On appelle 1.º *angle intérieur*, un angle tel que A formé dans l'intérieur du polygone par l'interception des deux côtés E A, A B ; 2.º *angle extérieur*, un angle tel que A′B′X formé par un côté A′B′ et le prolongement B′X du côté B′C′ qui précède ou qui suit ; 3.º on appelle *angle saillant*, celui dont le sommet est hors de la figure : les angles M, N, O, R, S, sont saillants ; et *angle rentrant*, un angle tel que P, dont le sommet rentre dans la figure.

114. Les propriétés des polygones ont une application assez fréquente dans la fortification. Les termes d'angle saillant, d'angle rentrant, y sont particulièrement appliqués aux angles de chemin couvert et des lignes de retranchement.

115. On appelle *diagonale*, une ligne droite qui unit deux sommets non consécutifs d'un polygone.

116. On classe les polygones d'après le nombre de côtés.

Un polygone de	3	*côtés s'appelle*	*triangle.*
—	4	—	*quadrilatère.*
—	5	—	*pentagone.*
—	6	—	*hexagone.*
—	7	—	*heptagone.*
—	8	—	*octogone.*
—	9	—	*ennéagone.*
—	10	—	*décagone.*
—	11	—	*endécagone.*
—	12	—	*dodécagone.*

Ce sont les plus simples des polygones.

Au delà, les polygones n'ont plus de noms particuliers, excepté toutefois ceux de quinze et vingt côtés qui se nomment *pentédécagone* et *isocagone*.

117. Un polygone est *équilatéral*, quand tous ses côtés sont égaux, et *équiangle*, quand tous ses angles sont égaux. Ainsi, un losange est équilatéral sans être équiangle, et un rectangle est équiangle sans être équilatéral.

Un polygone est *régulier*, quand il est à la fois équilatéral et équiangle. Les triangles équilatéraux et les carrés sont des polygones réguliers.

Deux polygones sont *équilatéraux entre eux*, quand ils ont les côtés égaux chacun à chacun et placés dans le même ordre, c'est-à-dire lorsqu'en suivant leurs contours dans un même sens, le premier côté de l'un est égal au premier de l'autre ; le second de l'un au second de l'autre ; le troisième au troisième et ainsi de suite. On entend de même ce que signifient deux polygones équiangles entre eux.

118. On a vu (74) qu'un angle inscrit est celui qui a son sommet à la circonférence. On appelle *triangle inscrit,* un triangle dont les trois angles ont leurs sommets à la circonférence, et, en général, *polygone inscrit,* le polygone dont tous les angles ont leurs sommets à la circonférence ; en même temps on dit que le cercle est circonscrit au polygone.

119. Un polygone est circonscrit à un cercle, lorsque tous ses côtés sont des tangentes à la circonférence ; dans le même cas, on dit que le cercle est inscrit dans le polygone.

La figure ci-contre représente un hexagone régulier inscrit et circonscrit.

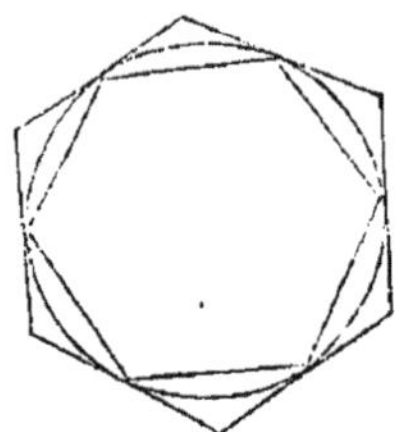

Inscription des polygones dans la circonférence.

120. *Inscrire un carré dans une circonférence et par suite un polygone de* 8, 16, 32, *etc., côtés.*

Tirez deux diamètres A C, B D,
qui se coupent à angles droits;
joignez les extrémités A, B, C, D
et la figure A B C D sera le carré
inscrit; car les angles A O B, B O C,
etc., étant égaux , les cordes
A B, B C, etc., sont égales.

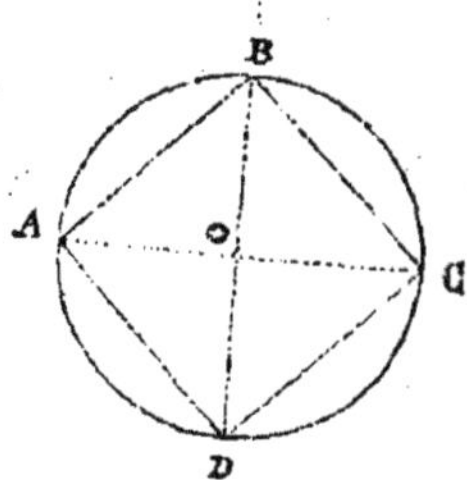

121. En partageant chacun des arcs en deux et en joignant
les nouveaux points de division aux anciens, on obtient un
polygone régulier de huit côtés; en continuant de partager
ainsi les arcs, on aura des polygones de 16, de 32, etc., côtés.

122. *Inscrire dans une circonférence l'hexagone régulier et
par suite le triangle équilatéral, ainsi que les polygones réguliers de 12, 24, etc., côtés.*

Supposons le problème résolu
et soit AB le côté de l'hexagone
inscrit; si l'on mène les rayons
A O, O B, je dis que le triangle
A O B sera équilatéral.

En effet, l'angle A O B est la
sixième partie de quatre angles
droits; ainsi, en prenant l'angle
droit pour unité, on aura l'angle

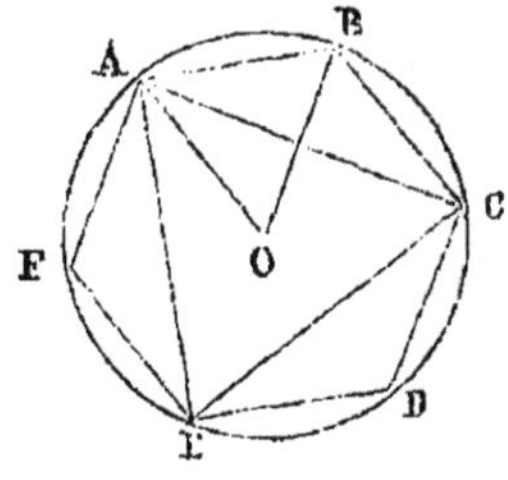

A O B $= \frac{4}{6} = \frac{2}{3}$ d'un droit; les deux angles A B O, B A O, du
même triangle valent ensemble $2^d - \frac{2}{3} = \frac{6}{3} - \frac{2}{3} = \frac{4}{3}$, et comme
ils sont égaux comme opposés à des côtés égaux, chacun d'eux
$= \frac{2}{3}$; donc le triangle A B O est équilatéral; donc le côté de
l'hexagone inscrit est égal au rayon.

Il suit de là que, pour inscrire un hexagone régulier dans
une circonférence, il faut porter le rayon six fois sur la circonférence, ce qui ramènera au même point d'où l'on était parti.

123. L'hexagone A B C D E F étant inscrit, si l'on joint deux à
deux les sommets non consécutifs des angles, on formera le
triangle équilatéral A C E.

124. En partageant en deux chaque arc soustendu par le côté de l'hexagone et en joignant les nouveaux points de division aux anciens, on obtiendra le polygone régulier de 12 côtés ; en agissant de la même manière, on obtient ceux de 24, de 48, etc., côtés.

De l'équivalence et de la similitude des polygones.

125. On appelle figures *équivalentes*, celles dont les surfaces sont égales.

Deux figures peuvent être équivalentes, quoique très-dissemblables ; par exemple, un cercle peut être équivalent à un carré ; un triangle à un rectangle, etc.

La dénomination de figures *égales* sera conservée à celles qui étant appliquées l'une sur l'autre coïncident dans tous leurs points ; tels sont deux cercles dont les rayons sont égaux, deux triangles dont les trois côtés sont égaux chacun à chacun.

126. Deux figures sont *semblables*, lorsqu'elles ont les angles égaux chacun à chacun et les côtés homologues proportionnels. Par *côtés homologues*, on entend ceux qui ont la même position dans les deux figures ou qui sont adjacents à des angles égaux. Ces angles eux-mêmes s'appellent *angles homologues*

Ainsi, les deux polygones A B C D E, *a b c d e*,

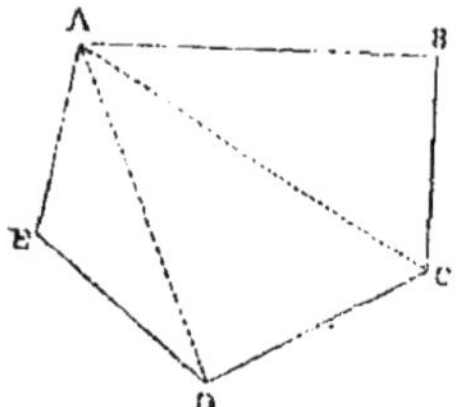
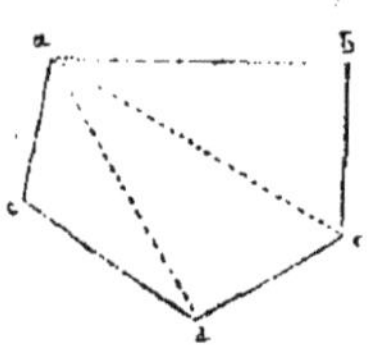

seront semblables, si l'angle A est égal à l'angle *a*, l'angle B égal à l'angle *b*, l'angle C égal à l'angle *c*, et ainsi de suite ; et si, en même temps, le côté A B contient le côté *a b* autant de fois que B C contient *b c*, autant de fois que C D contient *c d*, etc. Ce qui donne la proportion A B : *a b* :: B C : *b c* :: C D : *c d*, etc. On voit, d'après cela, que deux figures semblables ont la même forme et ne diffèrent que par la dimension des côtés qui sont dans un rapport constant.

Le rapport constant de deux côtés homologues prend le nom

de *rapport de similitude* ou d'*échelle de proportion*. Si dans les deux figures qui précèdent le rapport était égal à l'unité, les côtés seraient égaux chacun à chacun, et comme les angles sont égaux chacun à chacun, les deux figures s'appliqueraient l'une sur l'autre et seraient égales; il en résulte que deux figures égales sont toujours semblables, mais que deux figures semblables peuvent être fort inégales.

127. *Les périmètres de deux polygones semblables sont proportionnels à leurs côtés homologues.*

Car si les côtés sont M, N, P, Q, etc., m, n, p, q, etc., on aura, par la nature des polygones semblables, M : m :: N : n :: P : p :: Q : q, etc.; de cette suite de rapports égaux on conclut : la somme des antécédents M + N + P + Q, etc., est à la somme des conséquents m + n + p + q, etc., comme un antécédent est à son conséquent ou comme le côté M est à son homologue m.

La proportionnalité de deux figures s'étend à toutes les lignes homologues. Ainsi, les côtés de deux triangles semblables sont proportionnels aux perpendiculaires abaissées des sommets sur les côtés opposés. Les périmètres de deux polygones réguliers d'un même nombre de côtés sont proportionnels à leurs rayons, à leurs apothèmes. (*On appelle apothème le rayon du cercle inscrit.*)

Les circonférences de deux cercles sont entre elles comme leurs rayons; car ces circonférences peuvent être considérées comme les périmètres de deux polygones réguliers semblables d'un nombre infini de côtés.

128. Les deux conditions de l'égalité des angles homologues et de la proportionnalité des côtés homologues sont à la fois nécessaires, pour que deux figures de plus de trois côtés soient semblables. Quand il s'agit de triangles, une seule de ces conditions suffit, parce qu'elle entraîne nécessairement l'autre; c'est ce que l'on démontre par la théorie des triangles semblables.

Bien que la Commission paraisse avoir éloigné cette partie de la géométrie de son programme, nous allons la traiter très-brièvement, afin d'être à même de résoudre plus tard quelques problèmes d'une grande utilité pratique; d'ailleurs, la connaissance de la théorie des triangles semblables facilitera beaucoup l'étude si importante du lever des plans.

Théorie des Triangles semblables.

129. *Si l'on divise en parties égales l'un des côtés d'un triangle quelconque et qu'on mène par les points de division des parallèles à sa base, le second côté sera divisé par ces parallèles en parties égales.*

Supposons qu'on ait partagé le côté A B du triangle A B C en quatre parties égales : si par les points de division p, m, d, on mène les lignes $p\,q$, $m\,n$, $d\,g$, parallèles à la base B C du triangle, je dis que l'autre côté A C sera aussi divisé en quatre parties égales.

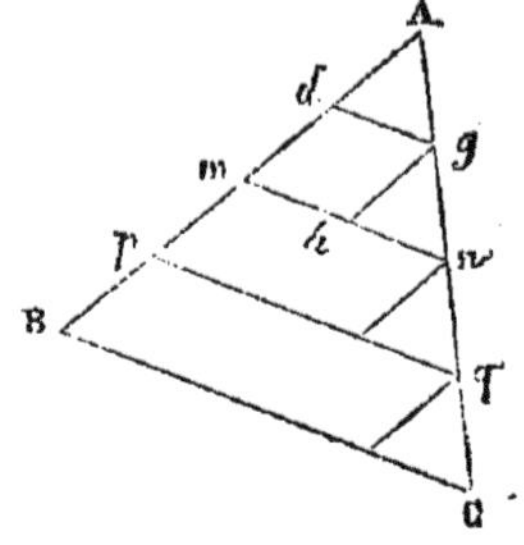

En effet, si l'on mène $g\,h$ parallèle à $d\,m$, la figure $m\,d\,g\,h$ sera un parallélogramme ; donc $g\,h = d\,m = d\,$A. Mais les deux angles A $d\,g$, $g\,h\,n$, sont égaux comme ayant leurs côtés parallèles et dirigés dans le même sens (65), les deux angles $d\,$A g, $h\,g\,n$, sont égaux comme correspondants (62) ; donc les deux triangles A $d\,g$, $g\,h\,n$, ayant un côté égal adjacent à deux angles égaux chacun à chacun, sont égaux ; donc le côté A $g = g\,n$; on démontrerait de même que $g\,n$ égale $n\,q$, et ainsi de suite.

Le procédé que nous avons employé (67) pour diviser une ligne en un certain nombre de parties égales est une application de ce théorème.

130. *Toute parallèle à la base d'un triangle divise les côtés en parties proportionnelles.*

Soit la ligne C D menée parallèlement à la base A B du triangle A B O : je dis qu'on aura la proportion O C : A C :: O D : DB.

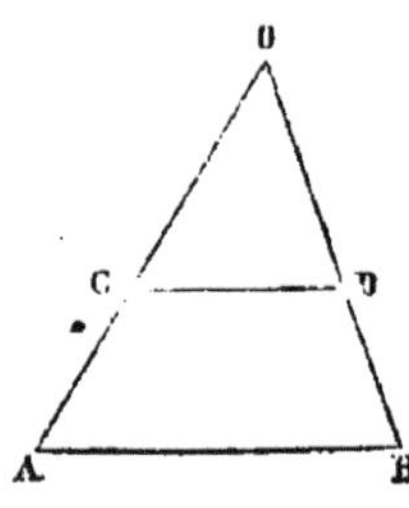

En effet, 1⁰ si O C, C A, ont une commune mesure, partageons-les en parties égales à cette commune mesure et, par les points de division, menons des parallèles à A B ; les lignes O D, D B, se trouveront partagées en un même nombre de parties égales que les lignes O C, O A (129). Ainsi, on aura la proportion :

O C : CA :: O D : DB.

2⁰ Si les lignes O C, C A, n'ont pas de commune mesure, partageons O C en 100 parties égales ; A C contiendra un certain nombre de ces parties, 47 par exemple, plus un reste moindre que l'une d'elles ; si, par les points de division, on mène des parallèles à A B, O D se trouvera partagé en 100 parties égales, et D B contiendra 47 de ces parties, plus un reste moindre que l'une d'elles. Or, ces restes peuvent être rendus aussi petits que l'on voudra en multipliant suffisamment le nombre des divisions de O C ; donc on a rigoureusement :

$$OC : CA :: OD : DB.$$

On tire de cette proportion :

$$OC + CA : OC :: OD + DB : OD \text{ ou bien } OA : OC :: OB : OD.$$

(*On voit que la théorie des triangles semblables suppose la connaissance parfaite des diverses propriétés des proportions que nous avons présentées dans l'arithmétique, page 104 et suivantes.*)

131. *Toute parallèle à la base d'un triangle détermine un second triangle semblable au premier.*

Soit la ligne C D parallèle à la base A B : je dis que le triangle O C D sera semblable au triangle O A B.

En effet, si l'on tire D m parallèle à A O, on aura, d'après le théorème précédent :

$$AB : mB :: OB : DB$$

d'où l'on tire . $AB - mB : AB :: OB - DB : OB$

ou $A m : AB :: OD : OB$

et en observant que $A m = CD$

$$CD : AB :: OD : OB.$$

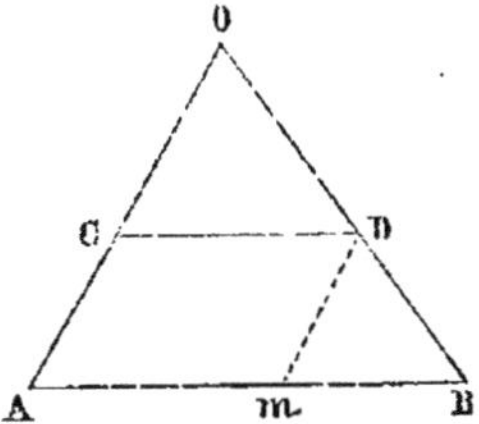

Les deux triangles O C D, O A B, ont donc leurs côtés proportionnels ; ils sont d'ailleurs équiangles à cause des parallèles C D, A B ; ils sont donc semblables.

132. *Toute ligne qui divise en deux parties égales un angle d'un triangle, coupe le côté opposé en deux parties proportionnelles aux côtés qui comprennent l'angle.*

Par le point A, menez A K parallèle à la bissextrice B I et prolongez-la jusqu'à sa rencontre en K avec C B ; on a K B : B C :: A I : I C (130) ; mais l'angle B A K = A B I, et l'angle A K B = I B C ou son égal A B I ; donc l'angle B A K = A K B et par conséquent K B = A B ; remplaçant K B par A B dans la proportion qui précède, on aura : A B : B C :: A I : I C, ce qu'il fallait démontrer.

Nous nous servirons de cette proposition pour déterminer le point de prolongement de la capitale d'un bastion.

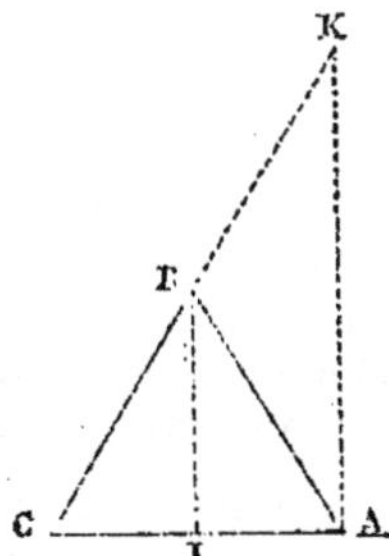

133. *Deux triangles équiangles sont semblables.*

Si les deux triangles A O B, *a o b*, ont les angles égaux chacun à chacun, ils seront semblables.

En effet, si l'on place l'angle *o* sur son égal O, les deux côtés *o a*, *o b*, prendront la direction de O A, O B, et, puisque l'angle *a* est égal à l'angle A, la base *a b* prendra une direction parallèle à A B; donc, d'après ce qui a été dit (131), les côtés homologues sont proportionnels et les deux triangles sont semblables.

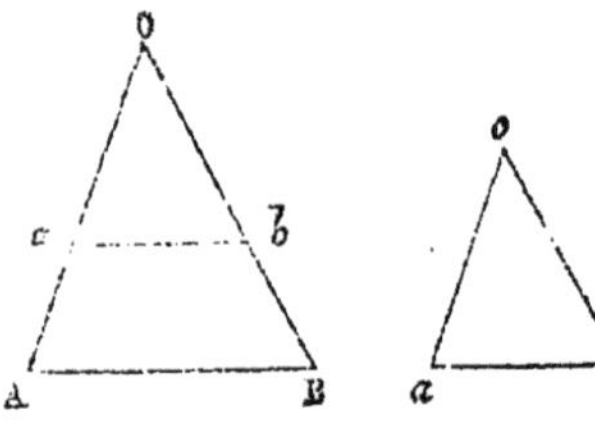

134. *Deux triangles qui ont un angle égal compris entre côtés proportionnels sont semblables.*

En effet, en répétant la superposition du numéro précédent, si *a b* n'était pas parallèle à A B, on pourrait par le point *a* mener une parallèle à A B, qui rencontrerait O B en un certain point *k*, et l'on aurait O A : O B : : *o a* : *o k*; mais on a par hypothèse O A : O B : : *o a* : *o b*; donc *o k* serait égal à *o b*, ce qui est absurde; donc *a b* est parallèle à A B et les deux triangles sont semblables (131).

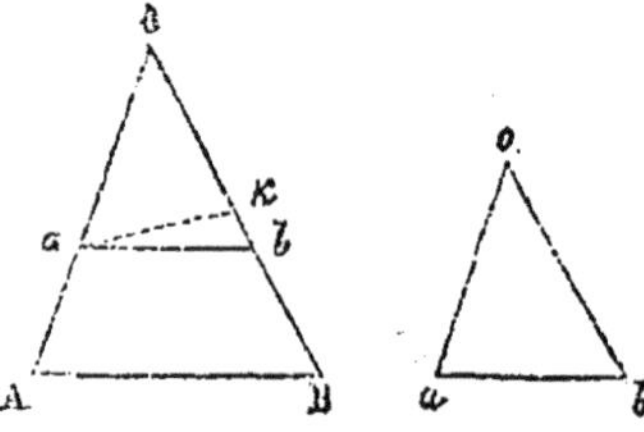

135. *Deux triangles qui ont les côtés homologues proportion-nels, sont équiangles et par conséquent semblables.*

Au-dessous de la base *a b*, faites en *a* et *b* deux angles respectivement égaux aux angles A et B; il en résultera un triangle *a g b* équiangle au triangle O A B et l'on aura la proportion :

$$ \text{A B} : ab : : \text{A O} : ag. $$

Mais on a par hypothèse :

$$ \text{A B} : ab : : \text{A O} : ao, $$

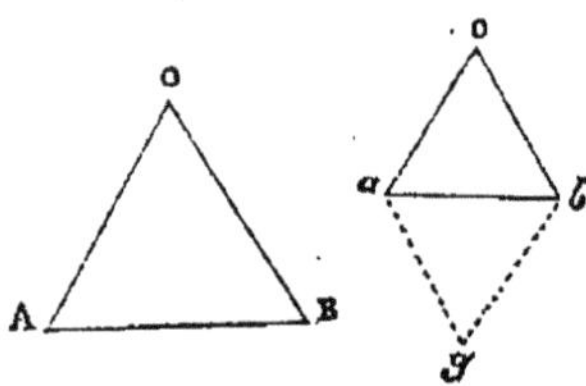

donc *a g* = *a o*; on prouverait de même que *b g* = *b o*; donc le triangle *a b g* n'est autre chose que le triangle *a o b*; or, le premier est équiangle avec O A B; donc le second l'est aussi; donc les deux triangles O A B, *o a b*, sont semblables.

136. *De ce que deux triangles équiangles sont semblables, il s'ensuit que deux triangles qui ont leurs côtés respectivement parallèles (63) ou perpendiculaires sont semblables.*

137. *Deux polygones semblables sont composés d'un même nombre de triangles semblables chacun à chacun et semblablement disposés.*

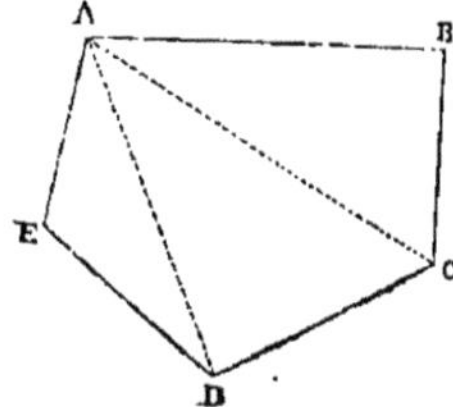 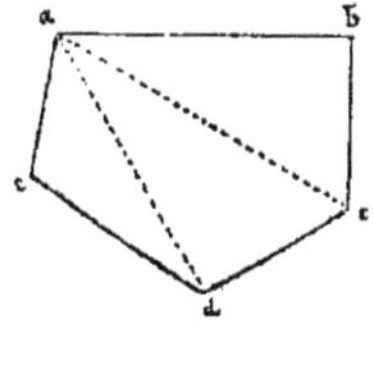

Dans le polygone A B C D E, menez du sommet du même angle A les diagonales A C, A D, aux autres angles ; divisez de la même manière le polygone *a b c d e*.

Puisque les polygones sont semblables, l'angle B est égal à son homologue *b* ; de plus, les côtés A B, B C, sont proportionnels aux côtés *a b*, *b c* ; de sorte qu'on a A B : *a b* :: B C : *b c* ; il suit de là que les deux triangles A B C, *a b c*, ont un angle égal compris entre côtés proportionnels ; donc ils sont semblables ; donc l'angle B C A = *b c a*. Ces angles égaux étant retranchés des angles égaux B C D, *b c d*, les restes A C D, *a c d*, seront égaux ; mais, puisque les triangles A B C, *a b c*, sont semblables, on a la proportion B C : *b c* :: A C : *a c*, et comme, à cause de la similitude des polygones, on a B C : *b c* :: C D : *c d* ; on aura, à cause du rapport commun B C : *b c*, A C : *a c* :: C D : *c d* ; donc les deux triangles A C D, *a c d*, ayant un angle égal, compris entre côtés proportionnels, sont semblables. On démontrerait de la même manière que les deux autres triangles sont semblables ; donc deux polygones semblables se composent d'un même nombre de triangles semblables et semblablement disposés.

138. *On tire de là le moyen de faire sur un côté homologue quelconque un polygone semblable à un polygone donné.*

Soit toujours A B C D E le polygone donné et soit *a b* le côté homologue sur lequel on se propose de construire un polygone semblable : après avoir tiré les diagonales A C, A D, faites au point *a* l'angle *b a c* = B A C et au point *b* l'angle *a b c* = A B C ; les lignes *b c*, *a c*, se couperont en *c* et *a b c* sera un triangle semblable à A B C ; de même, sur le côté *a c* homologue à A C, construisez le triangle *a c d*, semblable à A C D, et sur *a d* homologue à A D, construisez le triangle *a d e* semblable à A D E ; le polygone *a b c d e* sera le polygone demandé ; car les deux polygones sont composés d'un même nombre de triangles semblables et semblablement disposés.

8ᵉ et 9ᵉ Leçons. De la mesure des surfaces.

L'UNITÉ DE MESURE POUR LES SURFACES EST LE CARRÉ QUI A POUR CÔTÉ L'UNITÉ DE LONGUEUR.

FAIRE VOIR PAR DÉCOMPOSITION EN CARRÉS QU'UN RECTANGLE A POUR MESURE LE PRODUIT DE SA BASE PAR SA HAUTEUR. — EXPLIQUER LA DIFFÉRENCE QUI EXISTE ENTRE LES PARTIES DÉCIMALES DU MÈTRE CARRÉ ET LES SOUS-MULTIPLES DU MÈTRE CARRÉ. — PASSER DES UNES AUX AUTRES. — CONVERTIR DES MÈTRES CARRÉS EN HECTARES.

LE PARALLÉLOGRAMME EST ÉQUIVALENT AU RECTANGLE DE MÊME BASE ET DE MÊME HAUTEUR; IL A DONC POUR MESURE LE PRODUIT DE SA BASE PAR SA HAUTEUR. — LE TRIANGLE EST LA MOITIÉ DU PARALLÉLOGRAMME DE MÊME BASE ET DE MÊME HAUTEUR; IL A POUR MESURE LA MOITIÉ DU PRODUIT DE SA BASE PAR SA HAUTEUR.

LE TRAPÈZE A POUR MESURE LE PRODUIT DE SA HAUTEUR PAR LA DEMI-SOMME DES BASES.

LE RAPPORT ENTRE LA CIRCONFÉRENCE ET SON DIAMÈTRE EST CONSTANT.

LE CERCLE A POUR MESURE LE PRODUIT DE SON CONTOUR PAR LA MOITIÉ DU RAYON.

INDIQUER COMMENT ON MESURE LA SURFACE D'UN POLYGONE EN LE DÉCOMPOSANT EN TRAPÈZES ET EN TRIANGLES RECTANGLES.

EN RÉDUISANT A L'AIDE DE CARREAUX UN DESSIN A L'ÉCHELLE DE $\frac{1}{2}$, $\frac{1}{3}$, $\frac{1}{4}$, ON VOIT QUE LA RÉDUCTION EST 4, 9, 16 FOIS PLUS PETITE QUE LE DESSIN; EN CONCLURE QUE DEUX FIGURES SEMBLABLES SONT ENTRE ELLES COMME LES CARRÉS DES DEUX CÔTÉS CORRESPONDANTS.

---

139. L'unité de mesure pour les surfaces est le *carré* qui a pour côté l'unité de longueur; ainsi, l'unité linéaire étant le mètre, l'unité de mesure de superficie est le *mètre carré*.

Mesurer une surface, c'est déterminer combien de fois cette surface contient une autre surface connue.

Ainsi, mesurer la surface ABCD,

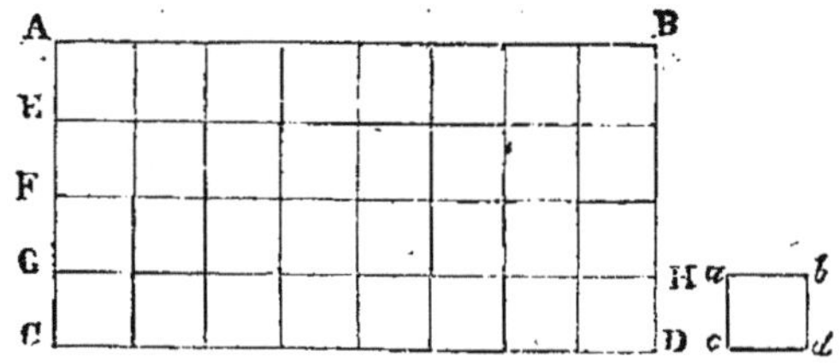

C'est déterminer combien elle contient de carrés tels que *abcd*, et si le côté *cd* du carré *abcd* est d'un mètre, c'est déterminer combien la surface ABCD contient de mètres carrés.

Pour mesurer en mètres carrés la surface du rectangle ABCD, il faut chercher combien de fois le côté CD contient le côté *cd* du carré *abcd* qui doit servir d'unité de mesure, chercher de même combien de fois le côté AC contient *cd*, et alors, en multipliant ces deux nombres l'un par l'autre, on aura le nombre de carrés tels que *abcd* que le rectangle ABCD peut renfermer. Par exemple, si AC contient *cd* quatre fois, et si CD contient *cd* sept fois, on multiplie 7 par 4, et le produit 28 indique que le rectangle ABCD contient 28 carrés tels que *abcd*.

Car, si par les points de division E, F, G, on mène des parallèles à CD, on aura quatre rectangles égaux à CDGH; mais chacun de ces rectangles contient autant de carrés tels que *abcd* qu'il y a de parties égales à *cd* dans le côté CD ou 7; donc le rectangle entier ABCD en contient 4 fois 7, c'est-à-dire autant de fois 7 qu'il y a de petits rectangles, ou qu'il y a de parties égales à *cd* dans le côté AC.

On doit conclure de ce qui précède, *qu'un rectangle quelconque a pour mesure le produit de sa base par sa hauteur.* Ainsi, la surface du rectangle ABCD s'exprimerait de la manière suivante : Surf. ABCD $= CD \times AB = 7 \times 4 = 28^{mq}$.

140. Le carré pouvant être considéré comme un rectangle dont les dimensions sont égales, aura pour mesure *son côté exprimé en nombre multiplié par lui-même.* De là vient le nom de *carré*

qu'on a donné en arithmétique au produit d'un nombre multiplié par lui-même.

Soit AB le côté d'un carré dont la longueur serait 8 mètres : La surface du carré s'exprimera ainsi : Surf. du carré $= AB \times AB = \overline{AB}^2 = 8 \times 8 = 8^2 = 64^{mq}$. On voit par là combien est impropre l'expression vulgaire de 2, 3, 4 mètres carrés pour indiquer un carré de 2, 3, 4 mètres de côté, et qui contient réellement 4, 9, 16 mètres carrés.

141. Les subdivisions du mètre carré sont le *décimètre carré,* le *centimètre carré,* le *millimètre carré.* Le mètre carré vaut cent décimètres carrés ; car, si dans la figure qui suit et qui représente un mètre carré,

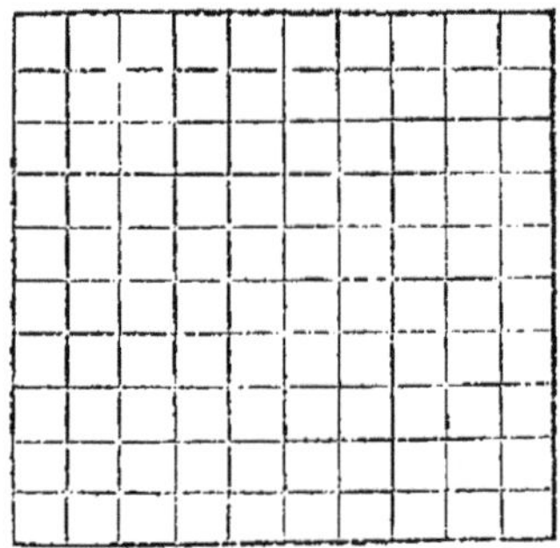

on divise deux côtés adjacents chacun en dix parties égales ou décimètres, et qu'on mène par les points de division du premier des parallèles au second, et par les points de division du second des parallèles au premier, le mètre carré se trouvera décomposé en 10×10 ou 100 petits carrés d'un décimètre de côté ; on démontrerait de même que le décimètre carré vaut cent centimètres carrés, et que le centimètre carré vaut cent millimètres carrés, etc.

Il résulte de là que le décimètre carré étant la centième partie du mètre carré, sera représenté par les deux premières décimales, et s'écrira $0,^{mq}01$; que le centimètre carré étant la centième partie du décimètre carré, sera représenté par les deux décimales suivantes, et s'écrira $0,^{mq}0001$; il faut donc bien se garder de confondre le décimètre carré avec 0,mq1 qui exprime la dixième partie du mètre carré, le centimètre carré avec 0,mq01 qui exprime la centième partie du mètre carré, ou un décimètre carré.

Cette distinction entre les sous-multiples et les parties décimales du mètre carré une fois établie, il sera facile de passer des unes aux autres et réciproquement.

142. *L'are*, unité des mesures agraires, vaut 100 mètres carrés; l'hectare valant 100 ares, vaudra 100 × 100 ou 10000 mètres carrés. Par conséquent, pour convertir des hectares en mètres carrés, il suffira de multiplier par 10000 le nombre qui exprimera des hectares; d'après cela, la surface d'un terrain exprimée par 45,hectares785690 contiendrait 457856,mq90.

(Voir pour plus de détails l'Arithmétique, page 61 et suivantes.)

143. *Le parallélogramme est équivalent au rectangle de même base et de même hauteur.*

Soit ABCD le parallélogramme proposé : par les points A et B de la base, on élève les perpendiculaires AK, BH, qu'on prolonge jusqu'à la rencontre en K et H avec le côté opposé; il résulte de cette construction un rectangle ABHK de même base et de même hauteur que le parallélogramme et qui lui est équivalent. En effet, les deux triangles AKD, HBC, sont égaux; car AD = BC, comme parallèles comprises entre parallèles (110), et par la même raison AK = BH; de plus, les angles KAD, HBC, sont égaux comme ayant leurs côtés parallèles, et dirigés dans le même sens. Maintenant, si de la figure totale ABCK on retranche le triangle KAD, il reste le parallélogramme; si l'on retranche le triangle HBC = KAD, il reste le rectangle; donc, le parallélogramme est équivalent au rectangle de même base et de même hauteur.

On a vu (139) que le rectangle ABHK a pour mesure $AB \times AK$; donc le parallélogramme ABCD qui lui est équivalent aura pour mesure $AB \times AK$, c'est-à-dire *le produit de sa base par sa hauteur*.

144. *Un triangle est la moitié du parallélogramme de même base et de même hauteur.*

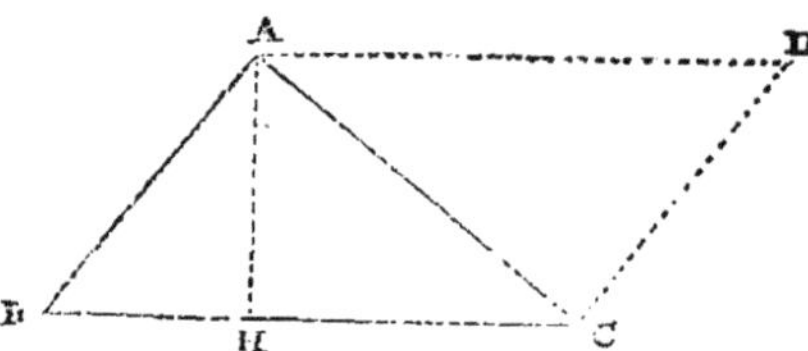

Soit le triangle ABC : Menez, par le sommet de l'angle C, une ligne CD parallèle au côté AB, et, par le sommet de l'angle A, une ligne AD parallèle au côté BC, ce qui formera avec les côtés AB, BC, un parallélogramme ABCD de même base et de même hauteur que le triangle. Cela posé, il est aisé de voir que les deux triangles ABC, ACD, sont égaux; car ils ont le côté AC commun, l'angle $BAC = ACD$, comme alternes internes, et l'angle $BCA = CAD$ par la même raison; donc le triangle BAC est la moitié du parallélogramme de même base et de même hauteur.

Or, on a vu (143) que le parallélogramme ABCD a pour mesure $BC \times AH$; donc le triangle ABC, qui est la moitié du parallélogramme, aura pour mesure $\frac{1}{2} BC \times AH$, c'est-à-dire *la moitié du produit de sa base par sa hauteur*.

145. *Le trapèze a pour mesure le produit de sa hauteur par la demi-somme des bases parallèles.*

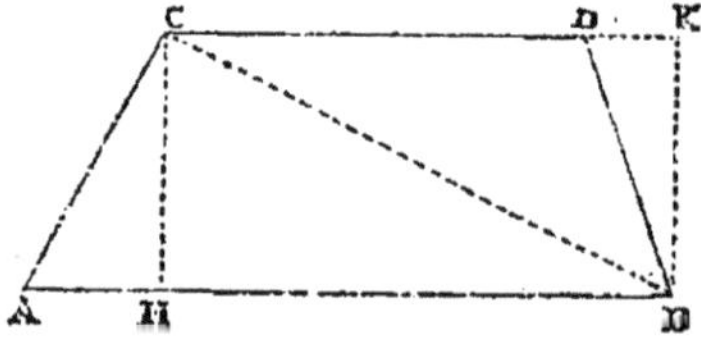

Soit le trapèze ABCD : Si l'on tire la diagonale CB, on a deux triangles ABC, CBD, qui ont pour hauteur commune CH, puisque CH = BK, comme parallèles comprises entre parallèles. Mais le triangle ACB a pour mesure $\frac{1}{2}$ AB $\times$ CH, et le triangle CBD a pour mesure $\frac{1}{2}$ CD $\times$ CH; donc les deux triangles pris ensemble, ou le trapèze ABCD, aura pour mesure $\frac{1}{2}$ AB $\times$ CH $+ \frac{1}{2}$ CD $\times$ CH $= \frac{(AB+CD)}{2}$ CH $=$ CH $\frac{(AB+CD)}{2}$, ou *sa hauteur multipliée par la demi-somme des bases parallèles*, ce qu'il fallait démontrer.

146. Pour avoir la surface d'un polygone quelconque, il faut le partager en triangles par des lignes menées d'un même point à chacun de ses angles, et calculer séparément la surface de chacun de ces triangles; en réunissant tous ces produits, on aura la surface totale du polygone; mais, pour avoir le moins de

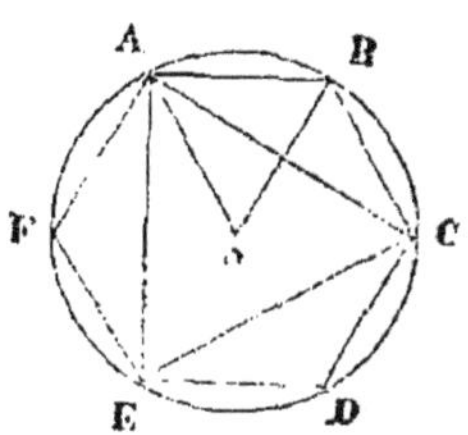

triangles possible, on aura soin de faire partir toutes ces lignes de l'un des angles du polygone, comme on le voit dans la figure ABCDEFG.

147. *Si le polygone est régulier, il aura pour mesure le produit de son périmètre par la moitié de son apothème*, qui n'est autre chose que la perpendiculaire abaissée du centre sur l'un des côtés.

Soit, en effet, l'octogone régulier ABCDEFGH : Si, par les sommets des angles opposés A et E, B et F, etc., on mène des diamètres, il est facile de voir que le polygone sera partagé en huit triangles qui auront leurs sommets au point O, le centre du polygone; le triangle AOB a pour mesure AB $\times \frac{1}{2}$ OM, le

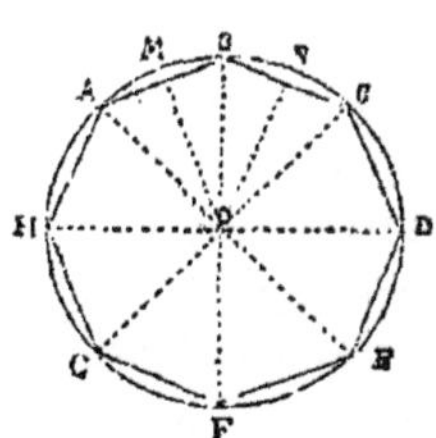

triangle BOC a pour mesure BC $\times \frac{1}{2}$ ON; mais OM = ON; donc les deux triangles réunis ont pour mesure (AB + BC) $\frac{1}{2}$ OM. En continuant ainsi pour les autres triangles, on verra que la somme de tous les triangles, ou le polygone entier, a pour mesure la somme des bases AB, BC, CD, DE, etc., ou le périmètre du polygone, multiplié par $\frac{1}{2}$ OM, ou la moitié de son apothème, ce qu'il fallait démontrer.

148. *La surface du cercle a pour mesure le produit de sa circonférence par la moitié du rayon.*

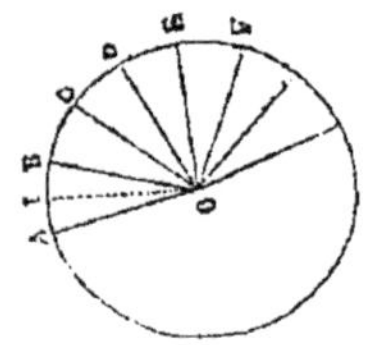

En effet, on peut considérer le cercle comme un polygone régulier d'un nombre infini de côtés; on vient de voir que le polygone ABCDEF, etc., a pour mesure son périmètre AB + BC + CD, etc., multiplié par la moitié de la perpendiculaire OI menée sur l'un de ses côtés; mais le périmètre n'est autre chose que la circonférence et l'apothème se confond avec le rayon; donc, *pour avoir la surface du cercle, il faut multiplier la circonférence par la moitié du rayon.*

149. Toute la difficulté de la mesure du cercle consiste donc dans l'appréciation du contour de la circonférence, et bien que dans la 1ʳᵉ leçon on ait vu qu'il s'obtient en multipliant la longueur du diamètre par le nombre 3,14 qui est le rapport de la circonférence au diamètre, nous allons indiquer par quel procédé on a trouvé ce rapport, et faire voir qu'il est constant, c'est-à-dire toujours le même, quelle que soit la longueur du diamètre.

150. *Rapport de la circonférence au diamètre.*

Pour obtenir le rapport de la circonférence au diamètre, on part des carrés inscrits et circonscrits, on en déduit successivement les polygones réguliers inscrits et circonscrits de 8, 16, 32, 64, 128 côtés, etc. On double le nombre des côtés jusqu'à ce que les périmètres des polygones inscrits et circonscrits ne diffèrent plus que dans les unités décimales du 8ᵉ ordre, par exemple. La circonférence étant comprise entre ces deux périmètres, l'un

d'eux peut être pris pour la circonférence même. On a trouvé
ainsi que la circonférence dont le diamètre est pris pour unité
peut être exprimée par 3,1415926.... Ce qui signifie qu'une circonférence qui aurait 1 mètre de diamètre, aurait 3,^{m}1415926 de
contour. Le nombre 3,1415926 est le véritable rapport de la circonférence au diamètre; mais, comme il dépasse de beaucoup la
limite des besoins ordinaires, on se borne, pour abréger les
calculs, à prendre les trois premiers chiffres 3,14.

151. Le rapport de la circonférence au diamètre une fois
trouvé, il est facile de démontrer qu'il est constant, c'est-à-dire
que si une circonférence qui a 1 mètre de diamètre a 3,^{m}14 de
contour, une autre circonférence dont le diamètre serait 2, 3,
4 mètres, aurait un contour 2, 3, 4 fois plus grand.

152. *Soit à trouver le contour de la circonférence dont le
diamètre serait 10 mètres :*

On a vu (127) que les circonférences des cercles sont entre
elles comme les rayons ou les diamètres; or, en comparant
cette circonférence avec celle dont le diamètre est un mètre,
on aura la proportion :

$$3,14 : 1 :: x : 10.$$

Ce qui fait voir d'abord que le quotient de 3,14 par 1 est le
même que celui de x par 10, c'est-à-dire que le rapport est
constant.

Et en faisant le produit des moyens égal au produit des extrêmes, on aura pour la valeur de x ou de la circonférence
donnée :

$$x = 3,14 \times 10 = 31,^m4.$$

D'où l'on doit conclure aussi que, le diamètre d'un cercle étant
donné, il suffit de le multiplier par 3,14 pour avoir la circonférence; et, par conséquent, que la circonférence étant donnée,
il suffit de la diviser par 3,14 pour avoir le diamètre.

153. On désigne ordinairement le rapport de la circonférence
au diamètre par Π qu'on énonce *pi;* c'est la première lettre du

mot grec qui signifie circonférence; par conséquent, si l'on désigne par R le rayon d'un cercle, sa circonférence sera $2R\Pi$; sa surface sera donc $2R\Pi \times \frac{1}{2} R$ ou ΠR^2, c'est-à-dire qu'elle sera égale *au produit du carré du rayon par le rapport de la circonférence au diamètre.*

154. On a vu (146) comment on obtient par la décomposition en triangles la surface d'un polygone; mais il existe un autre procédé qui est plus simple dans la pratique; voici en quoi il consiste :

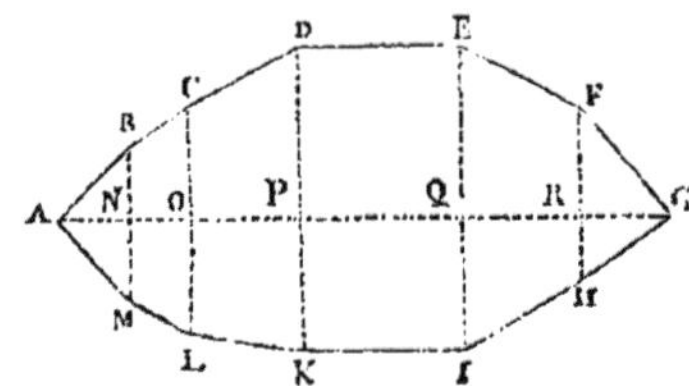

On tire dans la figure une ligne AG; on abaisse de chacun des angles des perpendiculaires BM, CL, DK, EI, FH, sur cette ligne AG; on mesure chacune de ces lignes, ainsi que les intervalles AN, NO, OP, PQ, QR, RG; alors, la figure est divisée en plusieurs parties, dont les deux extrêmes tout au plus sont des triangles, et les autres sont des trapèzes; les premiers se mesurent en multipliant la hauteur par la moitié de la base (144); à l'égard des trapèzes, chacun se mesure en multipliant la moitié de la somme des deux côtés parallèles par la distance perpendiculaire de ces mêmes côtés (145).

155. S'il n'est point permis d'entrer dans le polygone, comme on le voit dans la figure ci-après :

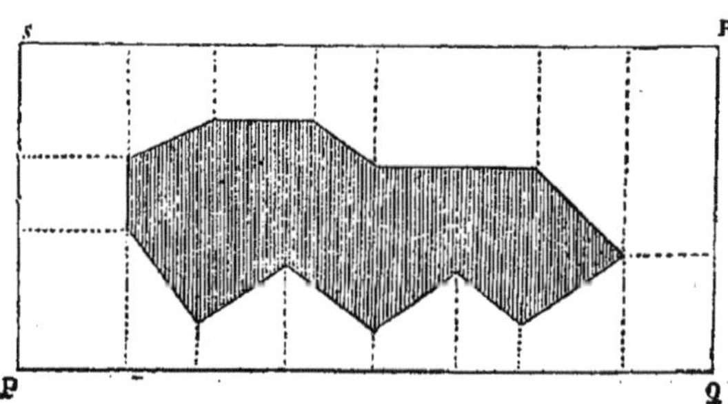

On construit un rectangle PQRS qui l'enveloppe de toutes parts; on détermine la surface comprise entre eux, en la divisant en trapèzes et rectangles; on retranche cette surface de celle du rectangle PQRS, la différence est évidemment la surface cherchée.

156. On a vu (127) que les périmètres de deux figures semblables sont entre elles comme leurs côtés homologues, c'est-à-dire que si un côté de l'une est double, triple ou quadruple d'un côté homologue de l'autre, le périmètre de la première sera aussi double, triple, quadruple du périmètre de la seconde; mais il n'en est pas de même de leurs surfaces; elles sont entre elles comme les carrés des côtés homologues, c'est-à-dire que si un côté de l'une est double, triple, quadruple du côté homologue de l'autre, la surface de la première sera 4 fois, 9 fois, 16 fois plus grande que celle de la seconde; c'est ce qu'on peut rendre sensible par les figures suivantes,

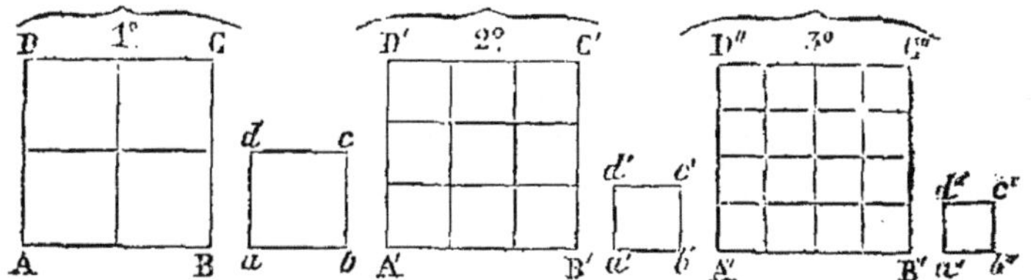

où l'on voit :

1° Que le carré ABCD, dont le côté AB est double du côté ab du carré $abcd$, contient 4 carrés parfaitement égaux à celui-ci;

2° Que le carré A'B'C'D', dont le côté A'B' est le triple du côté $a'b'$ du carré $a'b'c'd'$, contient 9 carrés égaux à celui-ci;

3° Que le carré A"B"C"D", dont le côté A"B" est le quadruple du côté $a''b''$ du carré $a''b''c''d''$, contient 16 carrés égaux à celui-ci.

157. Il en serait de même des cercles : un cercle qui aurait un rayon double, triple, quadruple de celui d'un autre cercle, aurait 4 fois, 9 fois, 16 fois plus de surface que celui-ci.

158. Il est évident, d'après cela, que si l'on réduit, à l'aide de carreaux, un dessin à l'échelle de ½ , ⅓ , ¼ , la réduction sera

4, 9, 16 fois plus petite que le dessin. Cette méthode étant supérieure à toutes les autres par sa simplicité et son exactitude, et étant surtout propre à faire des copies de cartes géographiques, nous allons indiquer comment on devrait procéder pour copier sur des dimensions moitié moindres, par exemple, le dessin suivant :

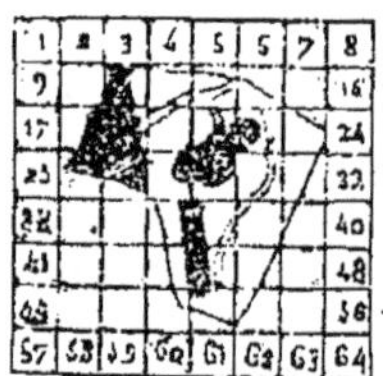

On enferme dans un cadre le dessin à copier ; on divise ce cadre en parties égales ; puis, on mène par les points de division autant de lignes parallèles aux côtés du cadre ; le modèle une fois partagé en carreaux, on le numérote au crayon.

Cette préparation faite, on fera sur la feuille de copie un cadre pareil avec des dimensions sous-doubles ; on divisera les côtés en autant de parties égales que l'a été le cadre du modèle, et en menant des parallèles on aura autant de carreaux qu'on numérotera de la même manière ; ensuite, on placera chaque point du modèle dans le carreau de la copie qui porte le même numéro que le carreau de l'original, et l'on obtiendra un dessin 4 fois plus petit que le modèle, puisque chaque carreau de ce dernier contient 4 fois le carreau correspondant de la copie.

10e et 11e Leçons. Solides.

POLYÈDRES, PRISMES ET CYLINDRES, PYRAMIDE ET CÔNE, SPHÈRE, GRANDS CERCLES ET PETITS CERCLES, PÔLES, ZÔNES, ETC.

FAIRE VOIR PAR LA DÉCOMPOSITION EN CUBES QU'UN PARALLÉLIPIPÈDE RECTANGLE A POUR MESURE LE PRODUIT DE SA BASE PAR SA HAUTEUR ET, PAR CONSÉQUENT, LE PRODUIT DE SES TROIS DIMENSIONS.

EXPLIQUER LES DIFFÉRENCES QUI EXISTENT ENTRE LES PARTIES DÉCIMALES DU MÈTRE CUBE ET LES SOUS-MULTIPLES DU MÈTRE CUBE. (ÉNONCER SANS DÉMONSTRATION). LA MESURE D'UN PRISME DROIT ET D'UN CYLINDRE EST ÉGALE AU PRODUIT DE SA BASE PAR SA HAUTEUR; POUR LA PYRAMIDE ET LE CÔNE, C'EST LE PRODUIT DE SA BASE PAR LE $\frac{1}{3}$ DE LA HAUTEUR.

CALCUL DES POIDS AU MOYEN DES VOLUMES ET DES DENSITÉS.

———

Des Angles solides et des Polyèdres en général.

159. Lorsque deux plans se coupent, l'écart plus ou moins grand de ces deux plans porte le nom d'*angle dièdre*. L'intersection des deux plans est l'*aréte* de l'angle dièdre. (*Exemple, le redan*).

On appelle *angle solide*, l'espace angulaire compris entre plusieurs plans qui se réunissent en un même point.

Ainsi, l'angle solide S est formé par la réunion des plans ASB, BSC, CSD, DSA.

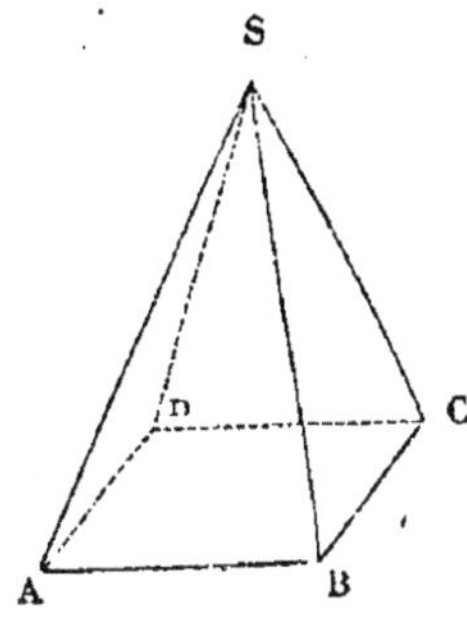

Le point S est le *sommet* de l'angle solide; les droites SA, SB, SC, SD, en sont les *arêtes*.

On énonce un angle solide, par la seule lettre du sommet, ou, quand il y a lieu à confusion, par cette même lettre, suivie de celles qui se trouvent sur les arêtes prises dans leur ordre naturel ; ainsi, on dira l'angle solide S, ou l'angle solide SABCD.

Il faut au moins trois plans pour former un angle solide ; dans ce cas, il prend le nom d'*angle trièdre*.

160. On appelle *polyèdre*, tout solide terminé par des plans ou des faces planes. On appelle en particulier *tétraèdre*, le solide qui a quatre faces; *hexaèdre*, celui qui en a six ; *octaèdre*, celui qui en a huit; *dodécaèdre*, celui qui en a douze; *isocaèdre*, celui qui en a vingt, etc.

Le tétraèdre est le plus simple des polyèdres; car il faut au moins trois plans pour former un angle solide, et ces trois plans laissent un vide qui, pour être fermé, exige au moins un quatrième plan.

L'intersection commune de deux faces adjacentes d'un polyèdre s'appelle *côté* ou arête du polyèdre.

On appelle *polyèdre régulier*, celui dont toutes les faces sont des polygones réguliers égaux et dont tous les angles sont égaux entre eux.

Du Prisme et du Cylindre.

161. *Le prisme* est un solide compris sous plusieurs plans parallélogrammes, terminés de part et d'autre par deux plans polygones égaux et parallèles.

Pour construire ce solide, soit
ABCDE un polygone quelconque:
si, dans un plan parallèle à ce polygone, on mène les lignes FG, GH,
HI, etc., égales et parallèles à AB,
BC, CD, etc.; ce qui formera le
polygone FGHIK égal à ABCDE:
si, ensuite, on joint d'un plan à
l'autre les sommets des angles
homologues par les droites AF,
BG, CH, etc., les faces ABFG,
BCGH, etc., seront des parallélogrammes, et le solide ainsi
formé sera un prisme.

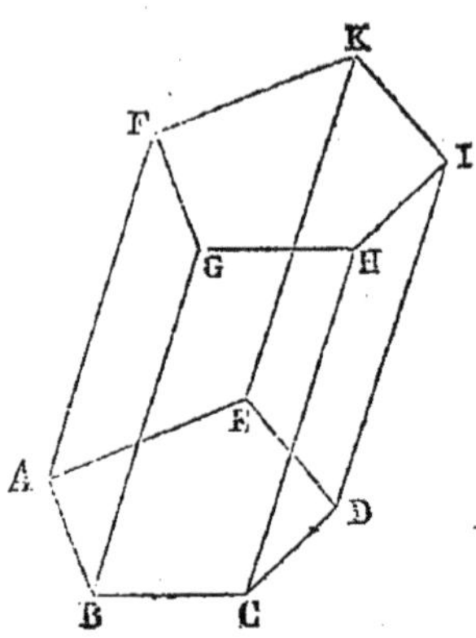

Les polygones égaux et parallèles ABCDE, FGHIK, s'appellent les *bases* du prisme; les autres plans parallélogrammes, pris
ensemble, constituent la *surface latérale* ou *convexe* du prisme.

La *hauteur* d'un prisme est la distance de ses deux bases, ou
la perpendiculaire abaissée d'un point de la base supérieure sur
le plan de la base inférieure.

Un prisme est *droit*, lorsque les côtés AF, BG, etc., sont perpendiculaires au plan des bases; alors chacun d'eux est égal à la
hauteur du prisme; dans tout autre cas, le prisme est *oblique* et
la hauteur est plus petite que le côté.

Un prisme est *triangulaire*, *quadrangulaire*, *pentagonal*,
hexagonal, etc., selon que la base est un triangle, un quadrilatère, un pentagone, un hexagone, etc.

Un prisme est *régulier*, quand il est droit et qu'il a pour bases
des polygones réguliers. Dans ce cas, la droite passant par le
centre des deux bases, se nomme l'*axe* du prisme.

Toute section d'un prisme par un plan parallèle aux bases
est un polygone égal à ces bases; car les côtés de cette section
sont respectivement égaux à ceux de l'une des bases, comme
parallèles comprises entre parallèles (110) et ses angles sont respectivement égaux à ceux de cette base, comme ayant leurs
côtés parallèles et dirigés dans le même sens (63).

Il suit de là que la section d'un prisme régulier par un plan parallèle aux bases est un polygone régulier parallèle à ces bases.

162. On appelle *parallélipipède*, un prisme qui a pour base un parallélogramme. Ce solide est donc compris sous six parallélogrammes. Il est dit *rectangle*, quand toutes ses faces sont des rectangles.

Parmi les parallélipipèdes rectangles, on distingue le *cube* ou *hexaèdre régulier*, dont les six faces sont des carrés égaux.

163. On nomme *cylindre droit à base circulaire*, ou simplement *cylindre*, un prisme régulier d'un nombre infini de faces infiniment petites ; on peut encore le considérer comme engendré par la révolution d'un rectangle, tel que ABCD, qu'on imagine tourner autour du côté immobile AB.

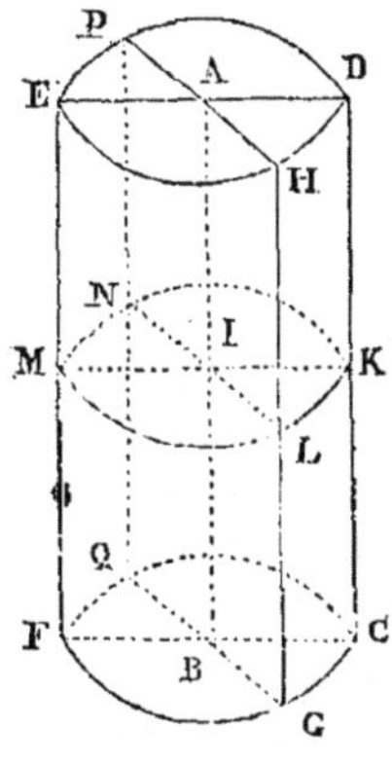

Dans ce mouvement, les côtés AD, BC, restant toujours perpendiculaires à AB, décrivent des plans circulaires égaux 'DHP, CGQ, qu'on appelle les *bases* du cylindre, et le côté CD en décrit la *surface convexe*.

164. Toute section KLM, faite dans le cylindre perpendiculairement à l'axe, est un cercle égal à chacune des bases ; car, pendant que le rectangle ABCD tourne autour de AB, la ligne IK, perpendiculaire à AB, décrit un plan circulaire perpendiculaire à la base, et ce plan n'est autre chose que la section faite perpendiculairement à l'axe au point I.

Toute section PQGH, faite suivant l'axe, est un rectangle double du rectangle générateur ABCD.

De la Pyramide et du Cône.

165. *La pyramide* est le solide formé lorsque plusieurs plans triangulaires partent d'un même point S, et sont terminés aux différents côtés d'un même plan polygonal ABCDE.

Le polygone ABCDE s'appelle la *base* de la pyramide; le point S en est le *sommet,* et l'ensemble des triangles ASB, BSC, CSD, etc., forme la *surface convexe* ou *latérale* de la pyramide.

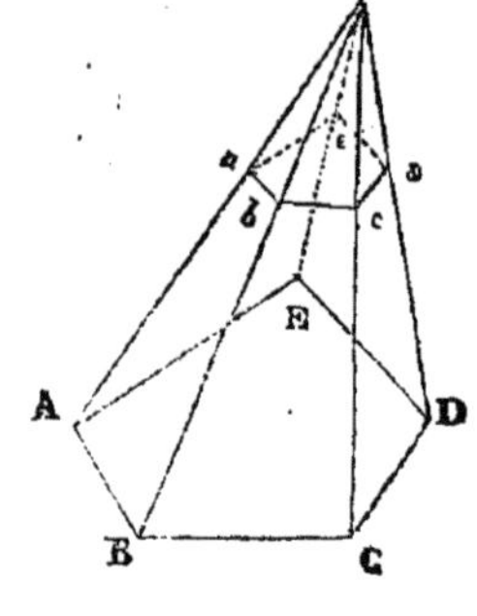

La *hauteur* de la pyramide est la perpendiculaire abaissée du sommet sur le plan de la base, prolongée s'il est nécessaire.

La pyramide est *triangulaire, quadrangulaire,* etc., selon que la base est un triangle, un quadrilatère, etc.

Une pyramide est régulière, lorsque la base est un polygone régulier et qu'en même temps la perpendiculaire abaissée du sommet sur le plan de la base passe par le centre de cette base. Cette ligne s'appelle alors l'*axe* de la pyramide.

166. Toute section d'une pyramide par un plan parallèle à sa base est un polygone semblable à cette base.

En effet, si l'on coupe la pyramide SABCDE par un plan parallèle à sa base, les côtés ab, bc, cd, etc., seront parallèles aux côtés AB, BC, CD, etc., de la base.

Les deux triangles semblables sab, SAB, donnent la proportion :

$$ab : AB :: sb : SB.$$

Mais les deux triangles semblables sbc, SBC, donnent la proportion :

$$sb : SB :: bc : BC.$$

donc, à cause du rapport commun, $sb : SB$, on aura :

$$ab : AB :: bc : BC.$$

et ainsi de suite.

De plus, les angles du polygone $abcde$ sont respectivement égaux à ceux de la base, comme ayant leurs côtés parallèles et dirigés dans le même sens; donc les deux polygones son semblables.

Il suit de là que toute section d'une pyramide régulière par un plan parallèle à la base est un polygone régulier.

Si l'on enlève la pyramide *Sabcde*, la partie restante se nomme un *tronc de pyramide*.

167. On nomme *cône droit à base circulaire*, ou simplement *cône*, une pyramide régulière d'un nombre infini de faces infiniment petites ; on peut le considérer encore comme engendré par la révolution du triangle rectangle SAB, qu'on imagine tourner autour du côté immobile SA.

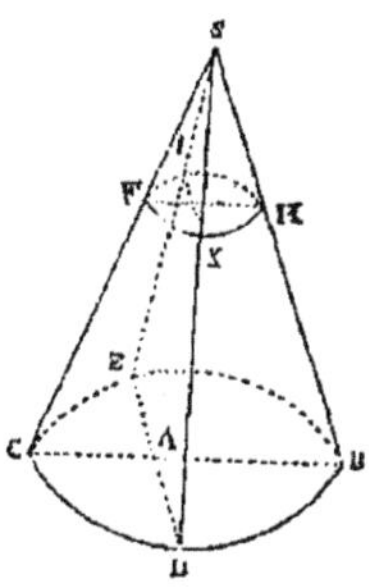

Dans ce mouvement, le côté AB décrit un plan circulaire BDCE, qu'on appelle la *base* du cône, et l'hypothénuse SB en décrit la *surface convexe*.

Le point S s'appelle le *sommet* du cône; SA, l'*axe* ou la *hauteur*; et SB, le *côté* ou l'*apothème*.

168. Toute section HKFI, faite perpendiculairement à l'axe, est un cercle;, toute section SDE, faite suivant l'axe, est un triangle isocèle double du triangle générateur SAB.

Si du cône SCDB on retranche par une section parallèle à la base le cône SFKH, le solide restant CDBHF s'appelle *cône tronqué* ou *tronc de cône*.

169. Deux polyèdres quelconques, prismes, prarallélipipèdes, pyramides, etc., sont *semblables*, quand ils ont toutes leurs dimensions homologues proportionnelles.

170. On appelle *polyèdres symétriques*, deux polyèdres qui ayant une base commune, sont construits d'une manière semblable des deux côtés opposés de cette base. Dans ce cas, les sommets des angles homologues sont situés à égales distances du plan de la base, sur une même perpendiculaire à ce plan. Si

un polyèdre reposait sur une glace par une de ses faces, son image dans la glace serait un polyèdre symétrique.

De la Sphère.

171. La *sphère* est un solide terminé par une surface courbe, dont tous les points sont également éloignés d'un point intérieur qu'on appelle *centre*.

On peut imaginer que la sphère est produite par la révolution du demi-cercle DAE autour du diamètre DE; car la surface décrite dans ce mouvement par la courbe DAE aura tous ses points à égale distance du centre C.

Le *rayon* de la sphère est une ligne droite menée du centre à un point de la surface. Le *dia-mètre* est une ligne passant par le centre, et terminée de part et d'autre à la surface. Tous les rayons de la sphère sont égaux; tous les diamètres sont égaux et doubles du rayon.

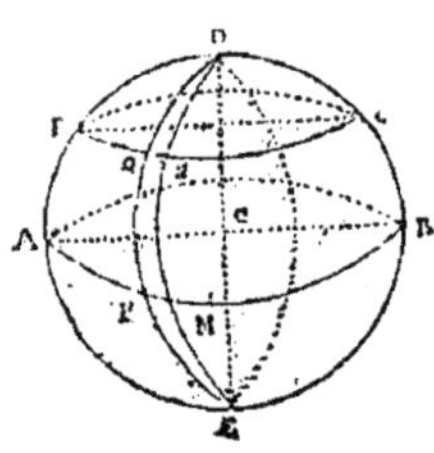

Quand la sphère est supposée tourner autour d'un de ses diamètres, ce diamètre prend le nom particulier d'*axe*, et les extrémités forment les *deux pôles de la sphère*.

172. Toute section de la sphère suivant un diamètre, est un cercle égal au cercle générateur. Toute autre section sera aussi un cercle; car tous les points étant à égale distance du centre de la sphère, ce sera la base d'un cône qui aurait son sommet au centre. Toute section qui n'a pas pour centre le centre de la sphère, est un *petit cercle*; c'est un *grand cercle* dans le cas contraire. Tous les grands cercles sont égaux; les petits cercles deviennent de plus en plus petits à mesure qu'ils s'éloignent du centre de la sphère.

173. On sait que la terre a la forme d'une sphère, et que, pour pouvoir déterminer la position des différents lieux, on en a

divisé la surface au moyen de plusieurs cercles grands et petits dont l'usage est très-fréquent.

· Les grands cercles sont l'*équateur* et les *méridiens*, et les petits cercles sont les *parallèles à l'équateur* ou *cercles de latitude*. Dans la sphère qui précède, le grand cercle AMB qui se trouve à égale distance des deux pôles D, E, représente l'équateur ; on voit qu'il partage la terre en deux parties égales, appelées l'une, *hémisphère boréal*, l'autre, *hémisphère austral* ; le cercle D P E, qui va d'un pôle à l'autre, représente un méridien ; il partage également la terre en deux parties, dont l'une est l'*hémisphère oriental*, l'autre l'*hémisphère occidental* ; le cercle F G Q, mené parallèlement à l'equateur, et qui a son centre sur un point de l'axe, représente un parallèle ou cercle de latitude ; il divise la terre en deux parties inégales.

174. On appelle *calotte sphérique*, la partie de la surface de la sphère, située d'un même côté d'un plan qui la coupe, et *segment sphérique*, la portion de la sphère comprise entre ce plan et l'une des calottes qu'il détermine.

175. On nomme *zône sphérique*, la partie de la surface de la sphère comprise entre deux plans parallèles ; *tranche sphérique*, la portion de la sphère comprise entre ces deux plans.

176. On appelle *fuseau sphérique*, la partie de la surface de la sphère comprise entre deux plans qui se coupent au centre, *coin sphérique*, la portion de la sphère comprise entre ces deux plans et le fuseau qu'ils déterminent.

177. Enfin, on appelle *secteur sphérique*, le solide engendré par le mouvement d'un secteur circulaire autour d'un de ses rayons.

Des volumes.

178. L'unité de mesure pour les volumes est le *cube*, qui a pour côté l'unité de longueur ; ainsi, suivant que l'unité linéaire est le mètre, le décimètre, l'unité de volume est le *mètre cube*, le *décimètre cube*.

179. *Mesurer la solidité d'un corps, c'est déterminer combien de fois ce corps contient un autre corps connu;* ainsi mesurer le parallélipipède rectangle A B C D E F G H,

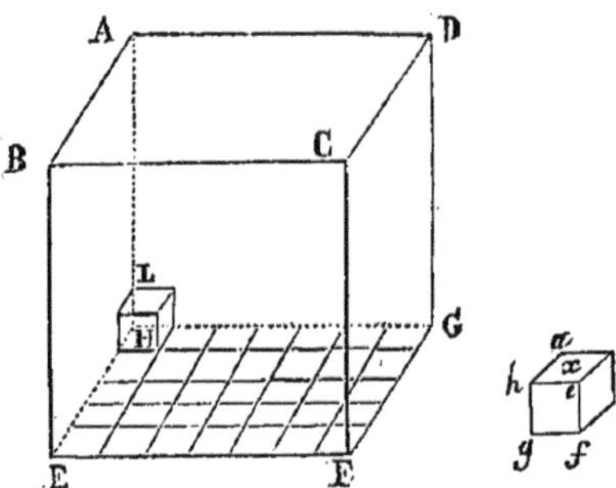

c'est déterminer combien il contient de cubes, tels que X, et si le côté du cube est d'un décimètre, c'est déterminer combien il contient de décimètres cubes.

Pour mesurer en mètres cubes le volume du parallélipipède rectangle A B C D E F G H, il faut chercher combien sa base E F G H contient de parties carrées, telles que *efgh;* chercher pareillement combien de fois la hauteur A H contient la hauteur *ah;* et si l'on multiplie le nombre des parties carrées de E F G H par le nombre des parties de A H, le produit exprimera combien le parallélipipède proposé contient de cubes tels que X, c'est-à-dire combien il contient de décimètres cubes.

En effet, on voit qu'on peut placer sur la surface E F G H autant de cubes tels que X qu'il y a de carrés tels que *efgh*, dans la base E F G H. Tous ces cubes formeront un parallélipipède, dont la hauteur H L sera égale à *ah;* or, il est évident qu'on pourra placer dans le solide A B C D E F G H autant de parallélipipèdes tels que celui-là que la hauteur H L sera contenue de fois dans A H ; donc, en répétant le nombre de cubes contenus dans ce parallélipipède autant de fois qu'il y a de parties dans A H, ou en multipliant le nombre des carrés contenus dans la base par le nombre des parties de la hauteur, on obtiendra le nombre de décimètres cubes contenus dans le parallélipipède proposé : d'où l'on peut conclure qu'un *parallélipipède rectangle quelconque* **a pour** *mesure le produit de sa base par sa hauteur et*, *par conséquent*, *le produit de ses trois dimensions*.

180. Le cube pouvant être considéré comme un parallélipipède rectangle dont les dimensions sont égales, son volume sera égal *au produit de trois facteurs égaux au côté du cube;* ce sera donc le cube arithmétique de la valeur numérique de ce côté.

Soit A B le côté d'un cube dont la longueur serait 3 mètres : son volume sera $AB \times AB \times AB = AB^3 = 3 \times 3 \times 3 = 3^3 = 27^{mc}$. Il est aisé de voir, d'après cela, qu'un cube d'un côté double, triple, quadruple, n'aurait pas un volume double, triple, quadruple, mais qu'il serait 8 fois, 27 fois, 64 fois plus grand.

181. Les subdivisions du mètre cube sont le *décimètre cube,* le *centimètre cube,* le *millimètre cube,* etc. Le mètre cube vaut mille décimètres cubes ; en effet, si, dans la figure qui suit et qui représente un mètre cube,

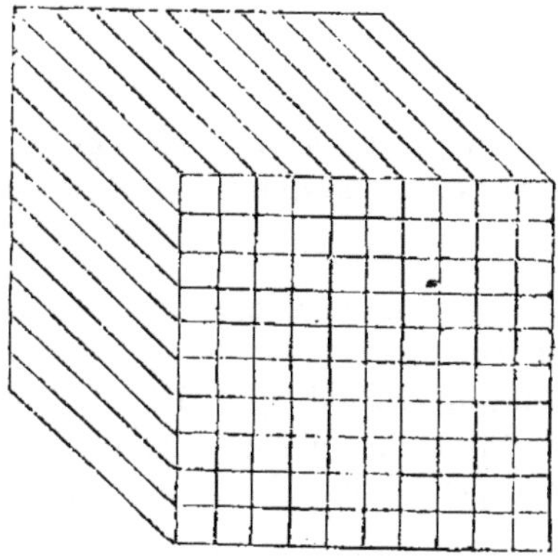

après avoir divisé trois arêtes issues d'un même sommet respectivement en 10 parties égales, ou décimètres, on mène par les points de division de chacune des plans parallèles aux plans des deux autres, le mètre cube est décomposé en 100 parallélipipèdes rectangles d'un décimètre carré de base, contenant chacun 10 décimètres cubes ; par conséquent, le mètre cube vaut 100×10 ou 1000 décimètres cubes ; on démontrerait de même que le décimètre cube vaut 1000 centimètres cubes.

Il résulte de là que le décimètre cube étant la millième partie du mètre cube, sera représenté par les trois premières décimales et s'écrira $0^{mc},001$; que le centimètre cube étant la millième partie du décimètre cube, sera représenté par les trois décimales suivantes et s'écrira $0^{mc},000001$; il faut donc bien se garder de confondre le décimètre cube avec $0^{mc},1$ qui exprime la dixième partie du mètre cube ; un centimètre cube avec $0^{mc},01$, qui exprime la centième partie du mètre cube, c'est-à-dire dix fois plus qu'un décimètre cube.

Cette distinction entre les sous-multiples et les parties décimales du mètre cube une fois établie, il sera facile de passer des unes aux autres et réciproquement.

182. Le *litre* est la capacité d'un décimètre cube d'eau ; par conséquent, pour évaluer des mètres cubes en litres, il suffira de multiplier le nombre exprimant des mètres cubes par 1000 ; réciproquement, pour évaluer des litres en mètres cubes, il suffira de diviser le nombre exprimant des litres par 1000.

On trouvera, d'après cela, que $45^{mc},4567$ font $45456^{lit},7$; que 8795 litres font $8^{mc},795$ (*Voir l'Arithmétique page 65 et suivantes*).

183. *La mesure d'un prisme droit et d'un cylindre est égale au produit de sa base par sa hauteur ; pour la pyramide et le cône, c'est le produit de la base par le $\frac{1}{3}$ de la hauteur.*

184. *La mesure de la sphère est égale au produit de sa surface par le tiers de son rayon.*

Or, la surface de la sphère étant égale à 4 fois la circonférence d'un grand cercle, la surface d'une sphère dont le rayon serait R, pourra être exprimée par $4\,\Pi R^2$; donc le volume de la sphère, dont le rayon est R, pourra être exprimé par $4\,\Pi R^2 \times \frac{1}{3} R$ ou $\frac{4}{3}\,\Pi R^3$.

Calcul des poids au moyen des volumes et des densités.

185. L'expérience nous apprend que sous des volumes égaux, les corps hétérogènes ont des poids inégaux ; ainsi une balle de plomb pèse plus qu'une balle de liège de même diamètre. Cette

différence de poids prend le nom de *densité* ou de *pesanteur spécifique*.

L'eau distillée est l'unité de pesanteur spécifique. C'est en comparant le poids des différents corps solides ou liquides au poids d'un même volume d'eau distillée, qu'on en a déterminé la pesanteur spécifique. Supposons, pour ne donner qu'un exemple fort simple qu'on ait trouvé, pour le poids de 1000 litres d'acide sulfurique, 1841 k^{os}; 1000 litres d'eau ou un mètre cube d'eau pesant 1000 k^{os}, la pesanteur spécifique de l'acide sulfurique sera donnée par le 4e terme de la proportion :

$$1000 \text{ k}^{os} \ (\textit{poids de l'eau}) : 1841 \text{ k}^{os} \ (\textit{poids de l'ac. sulf.}) :: 1 \ (\textit{pes. sp.}$$
$$\textit{de l'eau}) : x \ (\textit{pes. spéc. cherchée}) ;$$

$$\text{d'où l'on tire } x = \frac{1841}{1000} = 1,841$$

c'est-à-dire que la pesanteur spécifique d'un corps est le rapport entre le poids de ce corps et le poids de l'eau à volume égal.

186. La pesanteur spécifique d'un corps et son volume étant connus, il sera facile d'en calculer le poids ; ainsi, la pesanteur spécifique de l'acide sulfurique étant 1,841, le poids de 1000 litres, ou d'un mètre cube d'acide sulfurique, sera donné par le 4.e terme de la proportion :

$$1 \ (\textit{pes. spéc. de l'eau}) : 1000 \text{ k}^{os} \ (\textit{poids du mètre cube d'eau}) ::$$
$$1,841 \ (\textit{pes. sp. de l'ac. sulf.}) : x \ (\textit{poids cherché}) ;$$

$$\text{d'où l'on tire } x = 1000 \text{ k}^{os} \times 1,841 = 1841 \text{ k}^{os},$$

c'est-à-dire que pour avoir le poids d'un corps, il faut multiplier le poids d'un égal volume d'eau par la pesanteur spécifique du corps proposé, ou, ce qui revient au même, multiplier le volume du corps, exprimé en mètres cubes, par sa pesanteur spécifique et par 1000 k^{os}, poids d'un mètre cube d'eau.

Il est facile de voir, en effet, que le poids de 1000 litres, ou d'un mètre cube d'acide sulfurique, étant 1,841 × 1000, le poids de trois mille litres, ou trois mètres cubes d'acide sulfurique, serait 3 × 1,841 × 1000 k^{os} = 5523 k^{os}.

187. Le tableau ci-après, extrait de l'*Aide-mémoire d'artillerie*, fait connaître la pesanteur spécifique des corps solides et liquides les plus employés.

Pesanteurs spécifiques.

Solides. — L'unité est la pesanteur de l'eau distillée.

Platine { laminé	22, 069	Terre grasse mêlée de cailloux	2, 250
Platine { forgé	20, 337	Marbre (maximum)	2, 837
Or fondu	19, 258	Pierre à bàtir (maximum)	2, 621
Mercure à 0°	13, 598	Briques (maximum)	1, 857
Plomb fondu	11, 352	Pierre à fusil	2, 740
Argent fondu	10, 474	Chaux vive	0, 804
Cuivre en fil	8, 878	Houille (maximum)	1, 328
— pur fondu	8, 788	Bois de chêne	0, 857
Bronze	8, 700	— de hêtre	0, 852
Acier non écroui	7, 816	— de frêne	0, 845
Fer en barre	7, 788	— d'orme blanc	0, 600
— fondu	7, 207	— d'orme rouge	0, 760
Étain fondu	7, 291	— de pommier	0, 733
Zinc fondu	6, 861	— d'érable	0, 755
Antimoine fondu	6, 712	— de sapin	0, 657
Soufre	1, 990	— de pin	0, 554
Salpêtre	2, 090	— de tilleul	0, 604
Terre commune	1, 450	— de noyer	0, 600
Sable fort	1, 800	— de châtaignier	0, 589
— humide	1, 850	— d'aune	0, 550
Terre mêlée de pierres	1, 900	— de peuplier ordinaire	0, 583
Argile	1, 950	— — d'Espagne	0, 529
— mêlée de tuf	1, 950	— de liége	0, 240

Liquides. — L'unité est la pesanteur spécifique de l'eau distillée.

Acide sulfurique	1, 841	Huile d'olive	0, 915
— nitrique	1, 217	— essent. de térébenthine	0, 870
Eau de mer	1, 126	Alcool	0, 792
Vins (moyenne)	0, 992	Éther sulfurique	0, 715

FIN DE LA PREMIÈRE PARTIE.

DEUXIÈME PARTIE.

APPLICATIONS PRATIQUES

ET

PROBLÈMES NUMÉRIQUES.

Indépendamment des applications qui précèdent, et qui, à quelques exceptions près, rentrent dans les prescriptions du programme, nous allons, tout en nous appuyant sur les mêmes principes, résoudre dans cette deuxième partie du traité une série de problèmes et de questions pratiques d'une extrême simplicité.

Les données de celles de ces questions qui ont trait à l'art militaire sont réglementaires; il appartient aux hommes spéciaux, et notamment à MM. les Directeurs des écoles régimentaires, de les multiplier, de les étendre, mais en les appropriant toujours à l'intelligence et au degré de connaissances acquises des élèves auxquels ils s'adressent.

1re Leçon.

—

APPL. I.

Donner un exemple de la génération de la ligne, de la surface et du solide.

Cet exemple est fourni par la nature elle-même. Ainsi, quand la terre tourne autour du soleil, son centre décrit une ligne courbe; son axe, en s'appuyant sur cette ligne courbe, décrit une surface cylindrique; enfin, par suite de la révolution diurne de la terre autour de son axe, chaque méridien décrit un solide sphérique.

APPL. II.

On a vu que la commune mesure des lignes est le mètre; dans les reconnaissances militaires les distances peuvent s'évaluer en pas; en castramétation, la longueur du pas est de $0,^m666$, à moins d'un millième près; c'est-à-dire que trois pas font deux mètres.

Cela posé, *on demande quelle est la longueur d'un front de bandière qui aurait 2700 pas d'étendue; évaluer cette longueur en kilomètres.*

Si 3 pas font... 2 mètres,

1 pas fera... $\frac{2}{3}$

2700 pas feront.. $\frac{2 \times 2700}{3} = \frac{5400}{3} = 1800^m = 1,^{km}8.$

La longueur cherchée serait encore donnée par le 4e terme de la proportion :

$$3 : 2 :: 2700 : x$$

d'où $x = \frac{2 \times 2700}{3} = 1800$ mètres.

APPL. III.

Quelle serait l'étendue du front d'un bataillon composé de 8 pelotons, chaque peloton de 18 files, le chef de peloton non compris; on sait que la file occupe dans le rang $0,^m50$. Évaluer cette étendue en pas.

Chaque peloton occupant 0,^{m}50 $\times$ 18 = 9,^{m}00 ,
Les 8 pelotons occuperont 9 $\times$ 8, ou . . . . 72,^{m}00
Les 8 chefs de peloton occupent 0,^{m}50 $\times$ 8, ou. . . 4,^{m}00
Il convient d'ajouter pour le sous-offic. d'encadrement 0,^{m}50

Total . . . 76,^{m}50

Le nombre de pas demandé sera donné par le 4e terme de la proportion :

$$3 : 2 :: 76,^{\text{m}}50 : x$$
$$\text{d'où } x = \frac{2 \times 76,50}{5} = \frac{153,00}{5} = 51 \text{ pas.}$$

Appl. IV.

*Quelle sera la profondeur du camp d'un escadron de cavalerie?
Chaque cheval occupe 1 mètre dans le rang et 2 pas $\frac{1}{2}$ à l'attache.*

Dans la cavalerie, pour établir
le camp d'un escadron, on le
forme en bataille en arrière de
l'emplacement que doit occuper
le camp ; on le fait ensuite rompre
par division à droite, et l'on éta-
blit sur le prolongement de chaque
division les cordes qui doivent
servir d'attache aux chevaux ; c'est
précisément la longueur de chacune de ces cordes qu'il faut déterminer.

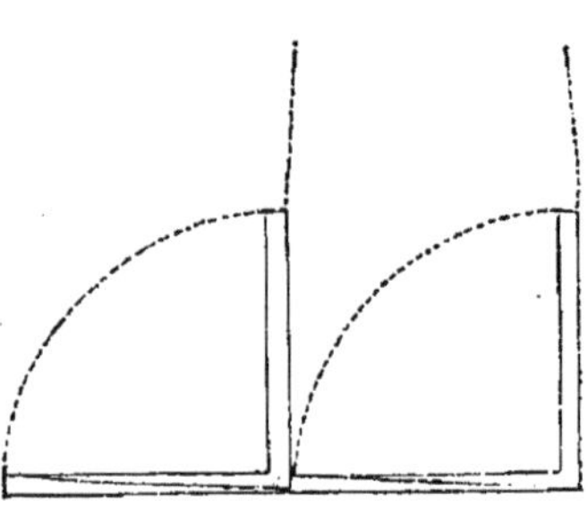

J'observe que les chevaux des lieutenants et sous-lieutenants
sont placés à la droite des pelotons, ceux du capitaine comman-
dant à la droite de la 1re division, et ceux du capitaine en second
à la droite de la 2e division. Donc, dans chaque division il y aura
d'abord : 2 chevaux de capitaine et 2 chevaux de lieutenants ou
sous-lieutenants, plus les chevaux de 2 sous-officiers en dehors
de l'ordonnance ; enfin, les chevaux de 24 files ou 48 chevaux ,
ce qui fait en tout 54 chevaux, qui occuperont à l'attache 54 $\times$ 2 1/2
ou 135 pas.

Ces 135 pas représentent la profondeur du camp.

Appl. V.

L'espace compris entre les deux rangées de chevaux ainsi placés à l'attache forme ce qu'on appelle la grand'rue du camp ; *soit proposé actuellement de déterminer la largeur de cette grand'rue.*

Pour cela, j'observe que, par le mouvement exécuté, il reste précisément l'intervalle d'une division entre les deux rangées de chevaux ; or, la division se compose de 24 files ou de 24 mètres, puisque chaque file occupe 1 mètre ; mais 24 mètres font $24 + 12$ pas ou 36 pas ; ce qui fait que la grand'rue aura 36 pas de largeur.

Appl. VI.

Trouver un point qui soit éloigné d'un point donné d'une distance connue.

Soit A le point donné et MN la distance connue : il est facile de voir qu'on satisfera à la question en décrivant une circonférence du point donné A avec un rayon AB égal à la distance connue MN.

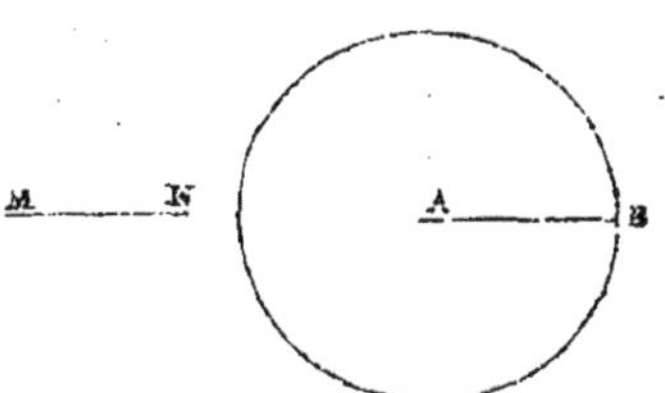

Ce problème est appelé indéterminé, parce qu'il admet une multitude de solutions : on nomme lieu géométrique une ligne dont tous les points satisfont à la question. Ainsi, dans ce problème, la circonférence est le lieu géométrique du point cherché.

Appl. VII.

Quel est le contour d'une circonférence qui a $2,^m75$ de rayon ?
Le diamètre $= 2,^m75 \times 2 = 5,^m50$;
Donc la circonférence $= 5,^m50 \times 3,14 = 17,^m27$.

Appl. VIII.

Quel est le rayon d'une circonférence qui aurait $48,^m50$ de contour ?
Le diamètre $= 48,^m50 : 3,14 = 15,^m44$;
Donc le rayon $= 15,^m44 : 2 = 7,^m72$.

APPL. IX.

Si la circonférence d'un cercle est de 15,^{m}00, quelle sera la circonférence qui a un rayon triple?

Il est facile de voir que la circonférence cherchée aura pour contour 15^m × 3 = 45^m.

APPL. X.

Quel est le contour d'un arc de 18°, sachant que la circonférence de cercle à laquelle appartient cet arc a un rayon de 3,^{m}50?

Le diamètre = 3,^{m}50 × 2 = 7^m ;

Donc la circonférence = 7^m × 3,14 = 21,^{m}98.

Le contour de la circonférence étant 21,^{m}98, le contour de l'arc sera donné par le 4e terme de la proportion :

$$360° : 18° :: 21,^m98 : x$$

d'où $x = \frac{18 \times 21,98}{360} = 1,^m09.$

2ᵉ Leçon.

—

Appl. XI.

Vérifier une équerre.

Après avoir tracé la ligne droite
A C, appliquez sur cette ligne un
des côtés de l'angle droit de l'é-
querre, et menez une droite B G
le long de l'autre côté ; retournez
ensuite l'équerre en mettant le
premier côté en B C; le second
côté doit coïncider évidemment
avec B G si l'angle de l'équerre
est droit ; s'il s'en écartait, comme
dans la figure, l'angle de l'équerre
serait aigu ; s'il le recouvrait, il serait obtus.

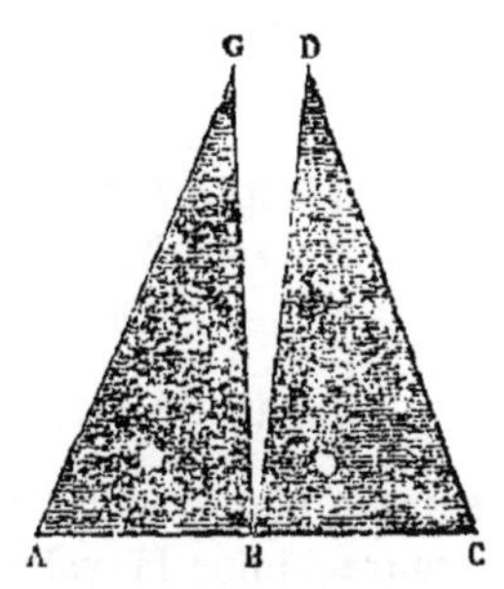

Ce moyen de vérifier une équerre est, comme l'on voit, fondé
sur la définition de l'angle droit.

Appl. XII.

*Déterminer, en prenant l'angle droit pour unité, la valeur
de l'angle d'un ouvrage de fortification qui serait le $\frac{1}{6}$ de quatre
angles droits ?*

Pour avoir la valeur de cet angle, il faut prendre le $\frac{1}{6}$ de 4 droits
ou multiplier $\frac{1}{6}$ par 4,

Et l'on a $\frac{1}{6} \times 4 = \frac{4}{6} = \frac{2}{3}$ d'un droit.

On trouvera de même pour la valeur d'un angle qui serait le $\frac{1}{6}$ de
2 droits,

$\frac{1}{6} \times 2 = \frac{2}{6} = \frac{1}{3}$ d'un droit, c'est-à-dire la moitié du **précédent.**

APPL. XIII.

On demande en degrés la valeur de l'angle E B F , sachant que l'angle A B C = 42° 4′ 10″, que l'angle C B D = 37° 29′ 55″, et l'angle D B E = 58° 9′ 8″.

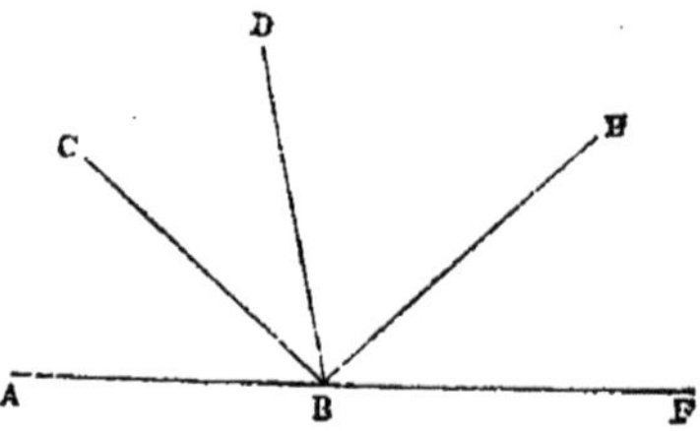

Les quatre angles consécutifs formés autour du point B et d'un même côté de la ligne A F, sont égaux à 2 droits, ou. . . . . 180° 00′ 00″

L'angle A B C vaut . .	42°	4′	10″
— C B D vaut . .	37°	29′	55″
— D B E vaut . .	58°	9′	8″
Les trois angles valent	137°	43′	13″

Cette somme étant retranchée de 180°, on aura, pour la valeur de l'angle EBF . . . . 42° 16′ 47″.

APPL. XIV.

Déterminer le supplément de l'angle d'un bastion dont on n'a pu mesurer que l'angle que fait l'une des faces avec la capitale ; cet angle égale 39° 27′.

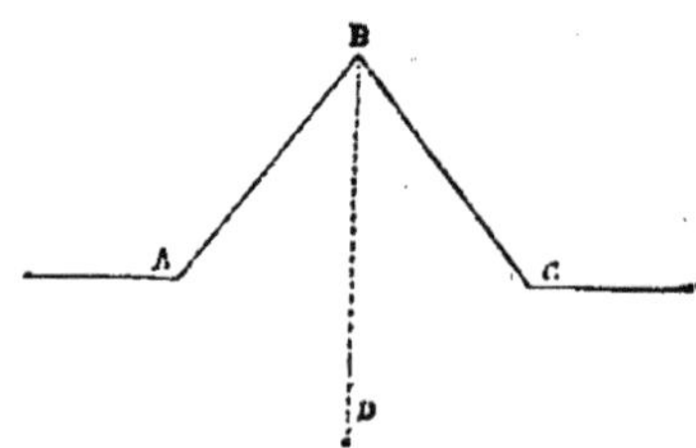

L'angle ABC du bastion, étant le double de l'angle mesuré A B D,
égale. . . . .   39° 27′ × 2 = 78° 54′
Le supplément de cet angle est. . .   180° — 78° 54′ = 101° 6′.

APPL. XV.

*Quel est le complément de l'angle formé par le flanc d'un front
bastionné avec le prolongement de la courtine? Cet angle égale
58° 12′.*

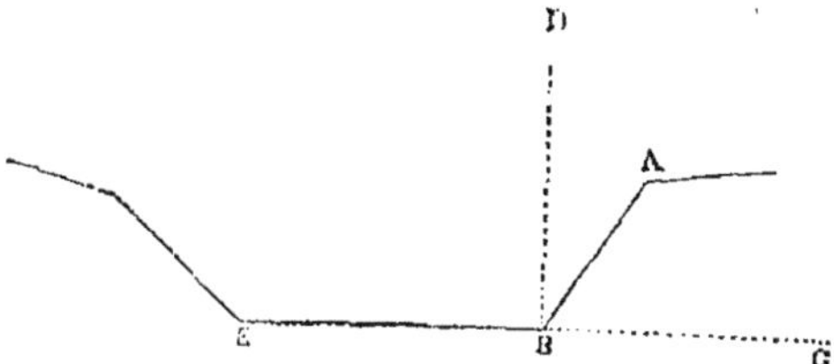

Soit l'angle A B C formé par le flanc AB et le prolongement B C
de la courtine E B : le complément de cet angle sera la différence
entre 90° et 58° 12′; ce qui donne 90° — 58° 12′ = 31° 48′.

APPL. XVI.

*Quel serait l'angle formé par le prolongement de la face d'un
redan et la capitale de ce redan, sachant que l'angle saillant est
de 77° 24′ ?*

Prolongeant les faces A B , B C ,
on forme l'angle E B F = A B C
comme opposés par le sommet ;
or, l'angle cherché est la moitié
de E B F ; par conséquent, il vaut
aussi la moitié de A B C.

Mais A B C = 77° 24′

$\frac{1}{2}$ ABC = 77° 24′ : 2 = 38°62′;

Donc l'angle cherché E B G =
38° 62′.

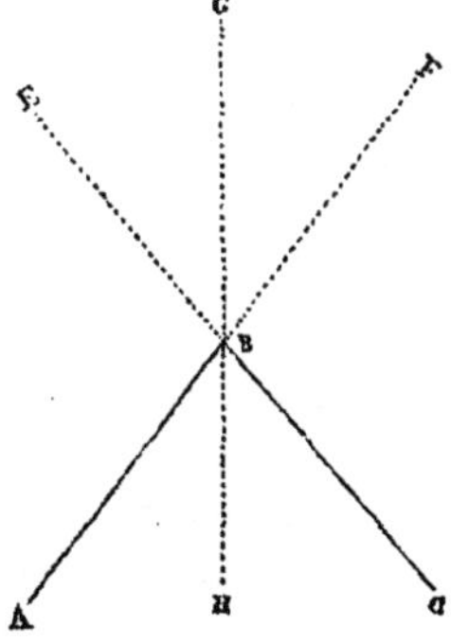

3ᵉ et 4ᵉ Leçons.

Appl. XVII.

Sur le prolongement EA de la face d'un bastion, établir per-pendiculairement une batterie au point A.

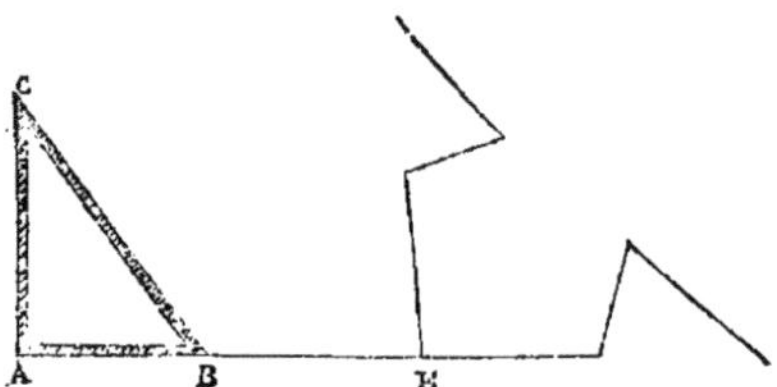

On placera au point A le sommet de l'angle droit de l'équerre de corde décrit au n° 98, et le côté AB de l'équerre sur la ligne AE; AC sera perpendiculaire à AE, et déterminera la position qu'on devra donner à la batterie qu'on se propose d'établir.

Appl. XVIII.

Placer le heurtoir d'une batterie.

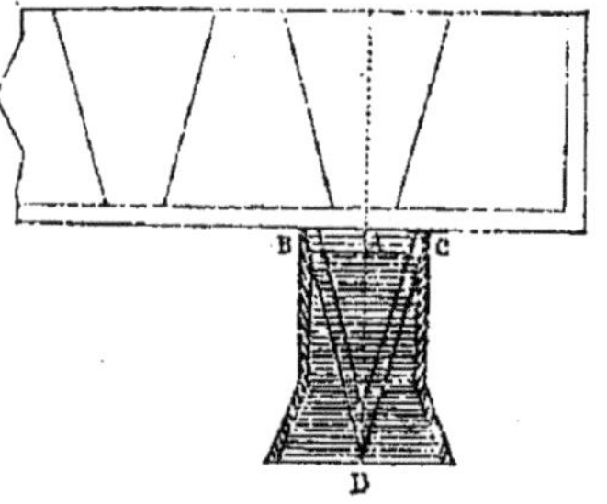

Comme c'est la pièce contre laquelle les roues de l'affût doivent porter quand on met le canon en batterie, elle doit être perpendiculaire à la ligne de tir, et, par conséquent, à la ligne du milieu de l'embrasure.

Pour lui donner cette position, on tracera sur sa surface et parallèlement à sa longueur une ligne BC, sur laquelle on prendra arbitrairement les parties égales AB, AC, et l'on placera le point A sur la ligne de tir; ayant fixé aux points B et C deux cordeaux d'égale longueur, on fera tourner le heurtoir sur le point A, jusqu'à ce que les extrémités des cordeaux puissent se réunir en un même point D sur la ligne de tir; le heurtoir BC sera perpendiculaire à la ligne de tir.

Appl. XIX.

Trouver la capitale d'un front bastionné dont la longueur de la courtine est égale à une quantité donnée M.

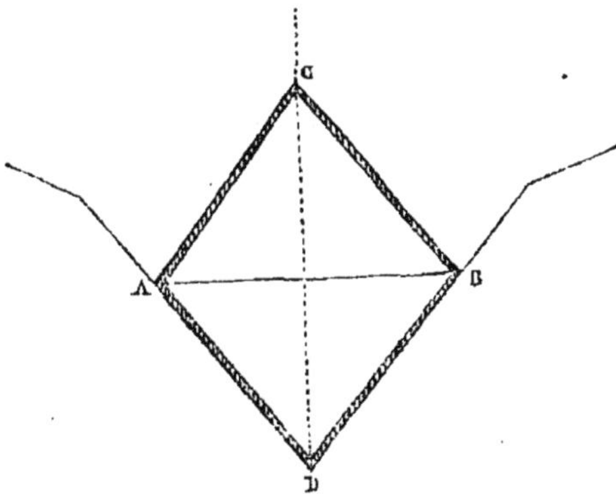

On prend un cordeau plus grand que AB dont on détermine immédiatement la moitié; on fixe les deux extrémités du cordeau aux points A et B; le tendant ensuite au moyen d'un style placé au nœud, on a le point C de la capitale en avant; en faisant la même opération en arrière, on a le second point D de l'autre côté de la courtine; en joignant les deux points C et D, CD sera la capitale cherchée.

Appl. XX.

Établir dans l'intérieur d'un bastion attaqué une traverse partant d'un point A et parallèle à une batterie assiégeante D E.

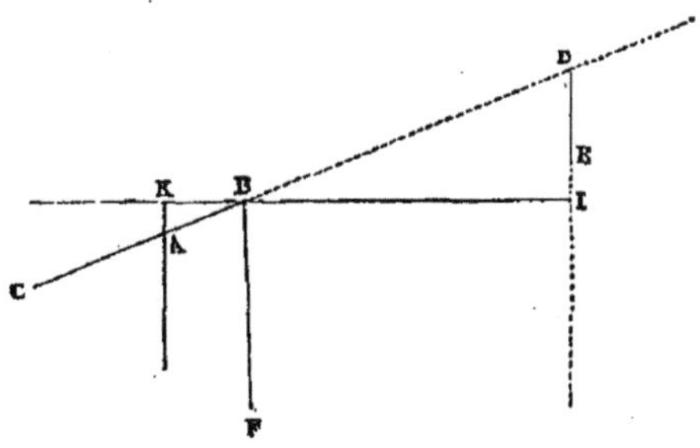

Du point B, menez une perpendiculaire B I sur le prolongement de D E ; prolongez cette perpendiculaire au delà du point B et menez du point A la perpendiculaire A K, qui sera la direction de la traverse cherchée.

APPL. XXI.

Par un point O, tirer une droite inclinée sur la droite AB d'un angle donné K.

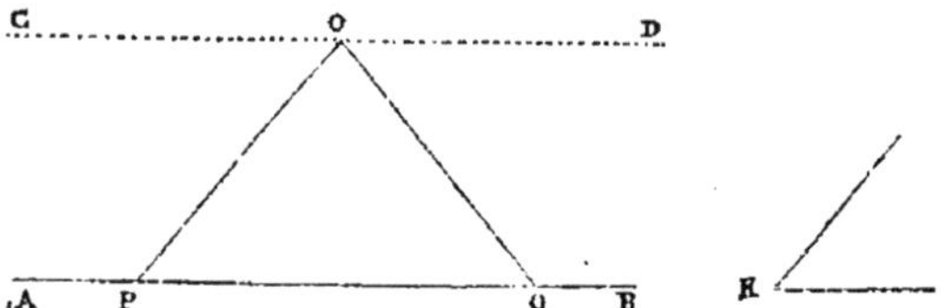

Par le point O, tirez CD parallèle à AB, et faites deux angles COP, DOQ, égaux entre eux et à l'angle K; les droites OP, OQ, satisfont l'une et l'autre à l'énoncé. Car les lignes AB, CD, étant parallèles, on a l'angle OPQ = COP = K; l'angle OQP = DOQ = K.

APPL. XXII.

Le problème qui précède peut servir à mener par l'extrémité A d'une face AB d'un front bastionné le flanc AK qui doit s'appuyer sur le prolongement de la courtine (L'angle d'inclinaison est de 50°).

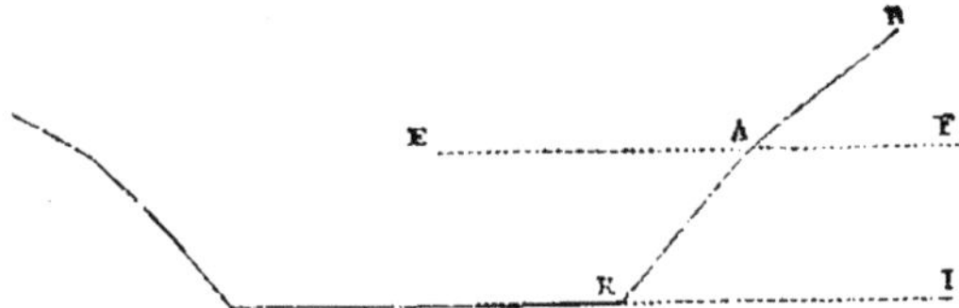

On mènera au point A la ligne EF parallèle à la courtine, et l'on fera l'angle EAK = 50°. AK sera la direction du flanc, et formera avec le prolongement de la courtine KI l'angle AKI = EAK = 50°.

APPL. XXIII.

Construire derrière l'entrée d'un front bastionné une traverse à 4 mètres de la courtine et d'une longueur donnée.

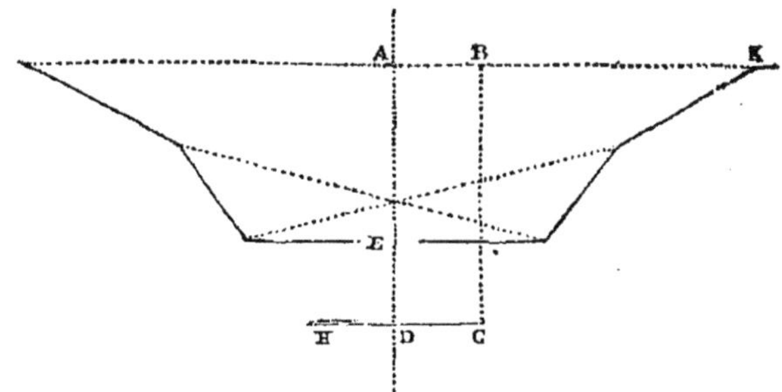

Dans le front bastionné l'entrée se pratique au milieu de la courtine ; pour couvrir cette entrée en arrière, on place une traverse à une distance convenable de manière que l'on puisse entrer facilement dans le front. Sa longueur est ordinairement déterminée par la condition que les coups de feu passant au travers de la trouée ne soient pas dangereux pour les soldats qui défendent.

Du point A, je prends sur la droite AK une quantité AB égale à ¼ de la longueur donnée ; par le point B, je mène BC parallèle à AE qui est la perpendiculaire à la courtine par le milieu de l'entrée. Puis, à partir de E et sur le prolongement de AE, je prends ED=4ᵐ ; par le point D, je mène DC parallèle à la courtine, et le point C de rencontre de cette droite avec BC limite à droite la traverse ; en la prolongeant à gauche d'une quantité HD = DC , on aura la longueur totale de la traverse.

Appl. XXIV.

Sur la ligne AB représentant le front de bandière d'un batail-lon, on a marqué par des piquets les points d'où doivent partir les rues perpendiculaires ; achever de jalonner ces rues.

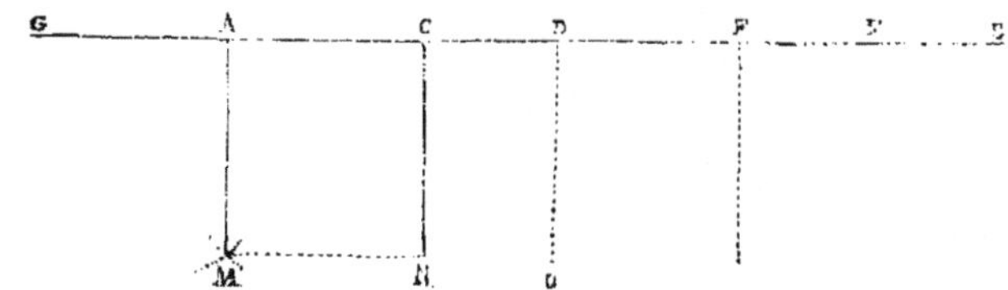

Au point A, il faut d'abord mener une perpendiculaire au front de bandière ; pour cela, prolongez AB d'une quantité AG = AC, et décrivez des points C et G, au moyen d'un cordeau plus grand que AG, deux arcs de cercle qui se coupent au point M, lequel sera un second point de la perpendiculaire ; ceci fait, on jalonnera la perpendiculaire en autant de points qu'on voudra. Par le point M, menez une perpendiculaire à AM ; prenez sur cette perpendiculaire une longueur MN = AC, et le point N sera un second point de la perpendiculaire menée par le point C au front de bandière.

Faites de même pour les points D, E, F.

On se sert souvent, pour mener les perpendiculaires au front
de bandière, d'un équipage de
cordes appelé cordeau à perpendiculaire; il représente le
double de l'équerre à corde dé-

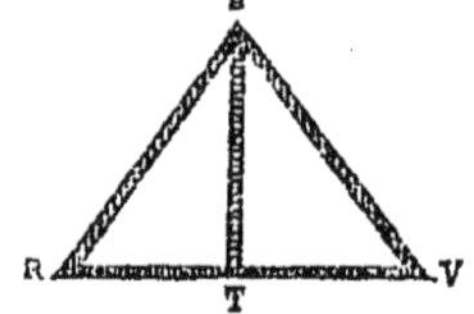

crit (n° 98). Pour mener une perpendiculaire avec ce cordeau au point C, par exemple, du front de bandière, on placera la ligne RV sur le front, de manière que le point T soit en C; si l'on tend ce cordeau, la ligne ST sera la direction de la perpendiculaire; on répètera la même opération aux points D, E, etc.

Appl. XXV.

Prolonger au delà d'un bois dans lequel on ne peut pénétrer une ligne droite déjà déterminée sur le terrain.

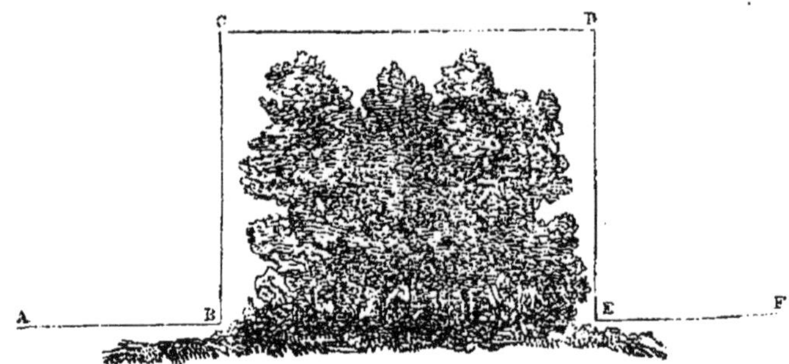

Soit AB la portion de droite déjà déterminée, et qu'il s'agit de prolonger : en un point B de la droite AB, élevez avec l'équerre à corde une perpendiculaire BC; cheminez sur cette droite en comptant les pas; menez, par le point C, CD perpendiculaire à la droite BC; lorsque vous avez dépassé le bois, élevez DE perpeu-diculaire à CD; prenez DE = CB et, par le point E, menez à DE une perpendiculaire EF, qui sera le prolongement cherché.

APPL. XXVI.

Mesurer avec le graphomètre l'angle formé par les directions des deux faces d'un redan.

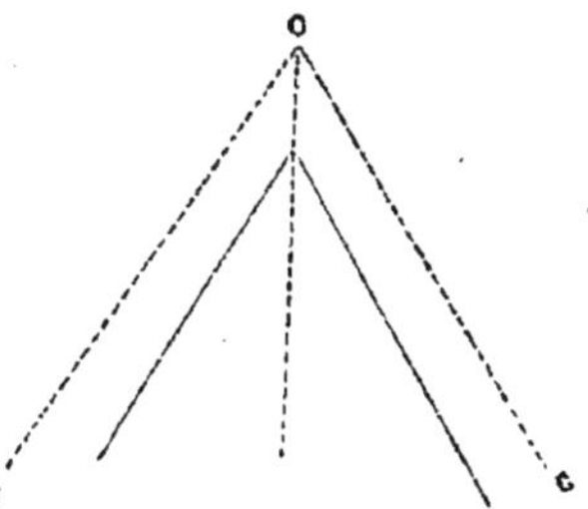

Comme on ne peut placer le centre de l'instrument au sommet de l'angle, on le place en un point O situé à une petite distance du sommet de l'angle, et l'on vise les deux points G, H, placés à des distances sensiblement égales des lignes qui comprennent l'angle à mesurer ; cette égalité de distance détermine des droites parallèles aux côtés de l'angle et, par conséquent, l'angle mesuré est égal à celui sur lequel on n'a pu placer le graphomètre.

5ᵉ Leçon.

—

Appl. XXVII.

Reconnaître si un arc donné A B C est circulaire, et, dans ce cas, déterminer son centre et son rayon.

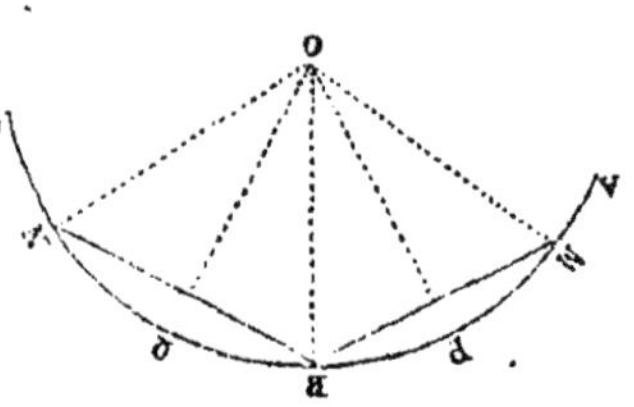

Par un point quelconque B de l'arc A B C, je tire arbitrairement deux cordes B M, B N, sur le milieu desquelles j'élève les perpendiculaires O P, O Q; du point de rencontre O, avec le rayon O M, je décris une circonférence qui passe par les divers points M, B, N, parce que O M = O B = O N; si l'arc A B C en fait partie, son centre est en O et son rayon est O M; s'il en est autrement, il n'est pas circulaire; car deux circonférences ne peuvent se couper en plus de deux points.

Appl. XXVIII.

Par un point D donné sur une circonférence, mener une parallèle à la sécante A B.

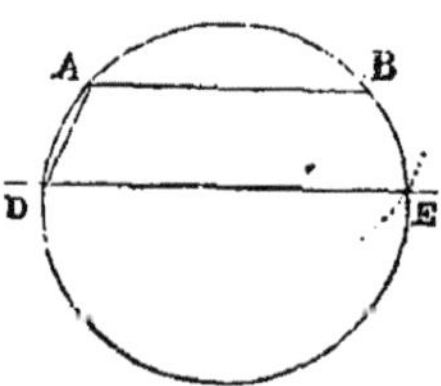

Joignez le point A au point D; du point B, comme centre, et d'un rayon BE égal à la corde AD, décrivez un arc de cercle qui coupe la circonférence en un point E; joignez le point D au point E, et D E sera la parallèle demandée.

Appl. XXIX.

Déterminer la capitale d'un bastion.

La capitale du bastion étant la bissextrice de l'angle, partage en deux parties égales l'arc décrit du point B comme centre avec un rayon égal à l'une des faces B A ; en conséquence, il suffit de partager cet arc en deux parties égales ; soit I le point milieu de l'arc ; BI sera la capitale demandée.

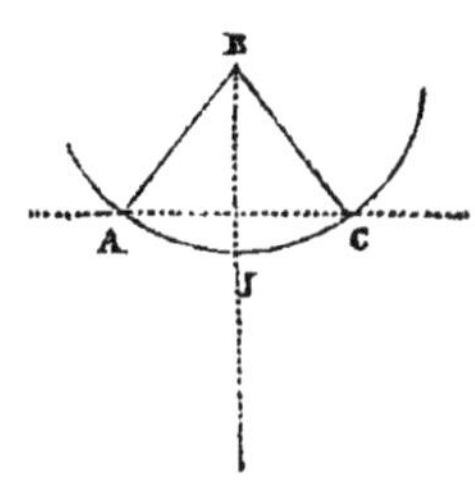

Appl. XXX.

Sur une corde donnée A B , décrire un segment capable de l'angle donné C, c'est-à-dire tel que tous les angles qui y seront compris seront égaux à l'angle donné.

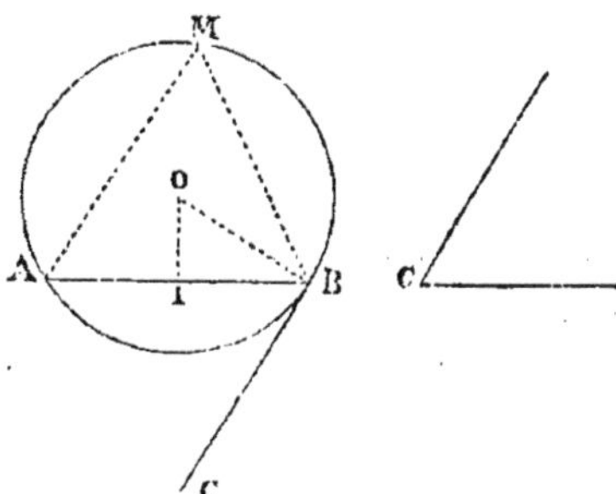

Par le point B, menez la droite BC qui fasse avec A B l'angle A B C égal à l'angle donné ; au point I milieu de AB, élevez une perpendiculaire à A B , et au point B une perpendiculaire à B C ; ces deux perpendiculaires se rencontreront au centre O du cercle demandé. Le segment A M B, décrit du point O comme centre et du rayon O B, sera capable de l'angle donné C ; car l'angle inscrit A M B a pour mesure la moitié de l'arc compris entre ses côtés ; l'angle A B C, formé par une tangente et une corde, a la même mesure et par construction A B C = C.

Si l'angle donné était droit, le point O se confondrait avec le point I, et le segment serait un demi-cercle.

6ᵉ Leçon.

—

Appl. XXXI.

Quelle est la hauteur d'une baraque de 16 hommes, dans laquelle le toit arrive à 1 mètre au-dessus du sol et est incliné à 45 °? (La baraque de 16 hommes a 4,ᵐ66 de largeur.)

Ce qu'il faut trouver ici, c'est la longueur de AD, qui est la perpendiculaire menée du faîte sur le sol. Cette perpendiculaire partage le profil de la baraque en deux parties symétriques ; j'en considère seulement une seule. Je remarque que BC = 1ᵐ ; donc, si par le point B je mène une parallèle BE au sol horizontal, j'aurai ED = BC = 1ᵐ. Reste donc à trouver la longueur AE ; pour cela, j'observe que le toit

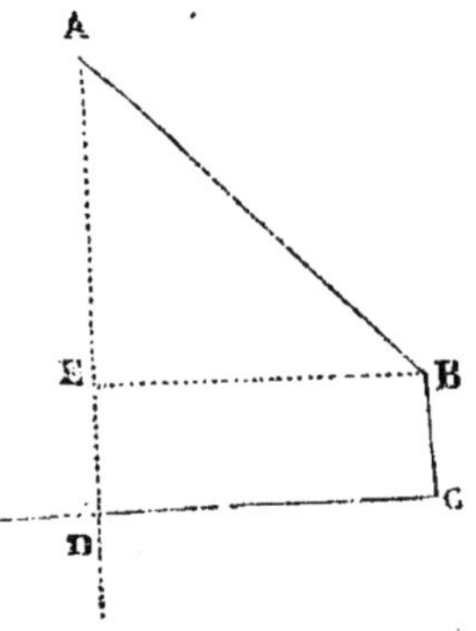

est incliné à 45° ; il s'ensuit que le triangle ABE est rectangle et isocèle ; donc AE = BE ; or, BE = DC, et DC n'est autre chose que 1/2 de la largeur de la baraque = 4,ᵐ66 : 2 = 2,ᵐ33 ; donc AE + ED ou AD = 2,ᵐ33 + 1 = 3,ᵐ33.

Appl. XXXII.

Construire un redan dont le saillant doit se trouver en un point A et dont l'angle sera K. (Ce redan fait partie d'une ligne continue, tracée sur deux parallèles distantes d'une quantité donnée.)

Le redan dont nous avons déjà parlé est l'ouvrage de fortification le plus simple ; il se compose de deux faces qui se coupent sous un angle plus grand que 60° ; de cette façon il présente une partie avancée vers la campagne, c'est ce qu'on appelle le saillant de l'ouvrage.

La ligne continue est composée d'une série de redans dont les saillants sont éloignés de quantités déterminées par des conditions de portée d'armes à feu. Ces divers redans sont reliés par une courtine.

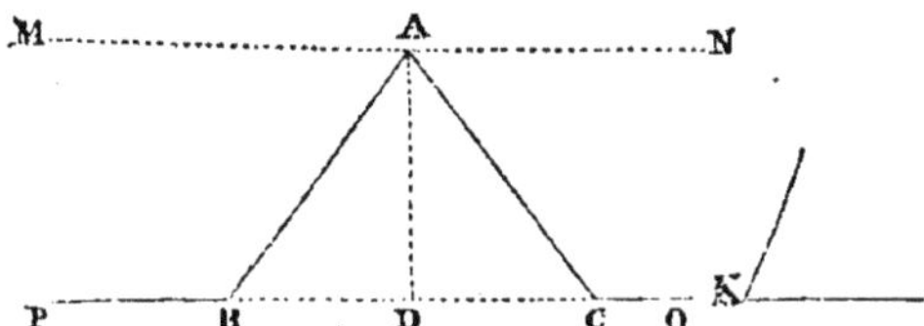

Pour résoudre le problème proposé, du point A saillant du redan, menez sur la deuxième parallèle PQ une perpendiculaire AD ; faites au point A, avec la droite AD, et de chaque côté de cette droite un angle égal à $\frac{k}{2}$; vous obtenez le triangle isocèle BAC, qui est le tracé du redan cherché.

Les droites PB et CQ forment les courtines de la ligne continue.

Appl. XXXIII.

Connaissant l'un des deux angles aigus d'un triangle rectangle, déterminer l'autre.

Tirez la ligne EG ; en un point E quelconque de cette ligne, faites GEF = C, et au même point E élevez ED perpendiculaire à EG ; l'angle DEF sera l'angle cherché ; car les deux angles aigus d'un triangle rectangle valent 90°.

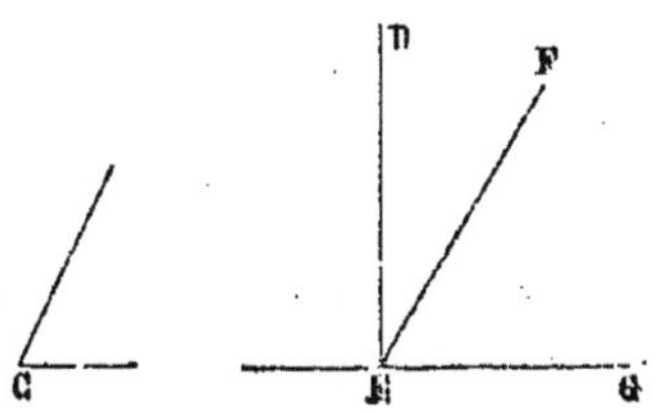

Appl. XXXIV.

*Construire un triangle rectangle dont on connaît un côté quel-
conque et un angle aigu.*

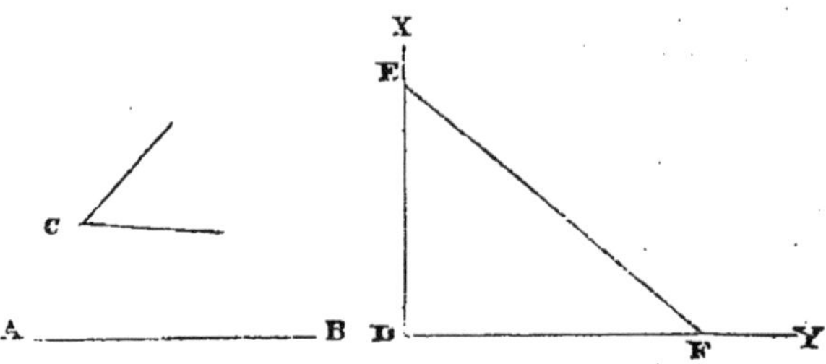

Supposons que le côté A B donné soit un côté de l'angle droit;
tirez les deux lignes D X, D Y, à angle droit; prenez sur D X une
quantité D E = A B; faites au point E l'angle D E F = C, et prolongez E F jusqu'à la rencontre de D Y en F; le triangle D E F sera
le triangle demandé.

Si le côté A B était opposé à l'angle droit, il faudrait chercher
le deuxième angle aigu du triangle et procéder comme nous
l'avons indiqué (102).

Appl. XXXV.

*Construire un triangle rectangle connaissant l'hypothénuse et
un coté de l'angle droit.*

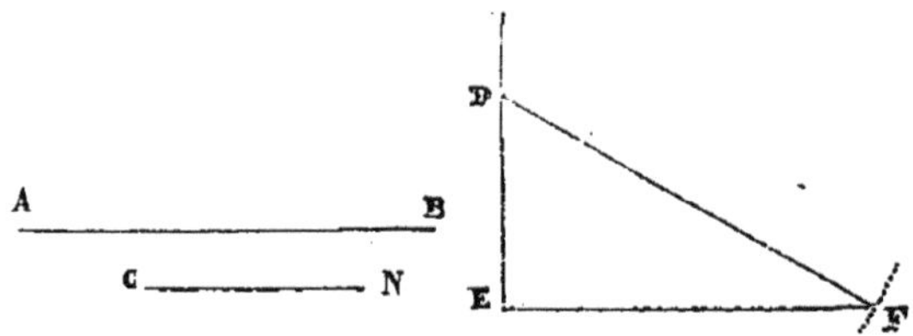

Faites l'angle droit D E F; prenez D E = C N, et du point D comme
centre et d'un rayon égal à l'hypothénuse A B, décrivez un arc
de cercle qui coupe le côté E F au point F; joignez D F, et D E F
sera le triangle rectangle demandé.

Appl. XXXVI.

On veut escalader un mur de 20 mètres de hauteur avec une échelle ; quelle devra être la longueur de cette échelle, si elle ne peut être placée qu'à 10 mètres du pied du mur ?

L'échelle forme l'hypothénuse d'un triangle rectangle dont la hauteur du mur et la distance du pied du mur au pied de l'échelle sont les côtés.

Par conséquent, en ajoutant le carré de 20,^{m} ou . . . .   400 $^{m\ q}$

avec le carré de 10,^{m} ou . . . .   100 $^{m\ q}$

la somme . . . .   500 $^{m\ q}$

sera le carré de la longueur de l'échelle ; par conséquent la longueur de l'échelle sera égale à la racine carrée de 500.

Comme, dans l'Arithmétique, nous n'avons parlé que de la formation du carré d'un nombre, nous croyons devoir indiquer en quelques mots comment on revient du carré d'un nombre à sa racine.

On sépare le nombre en tranches de deux chiffres, en allant de droite à gauche ; on cherche le plus grand carré contenu dans la première tranche à gauche, on en extrait la racine, ce qui donne le premier chiffre de la racine cherchée, on élève ce chiffre au carré et l'on soustrait ce produit de la tranche sur laquelle on vient d'opérer. A côté du reste, on abaisse la tranche suivante et l'on sépare le dernier chiffre par un point ; on divise par le double de la racine trouvée, ce qui donne le deuxième chiffre de la racine qu'on place à la droite du premier ; on le vérifie en faisant le double produit des dizaines par les unités et le carré des unités de la racine trouvée et l'on continue de la même manière jusqu'à ce qu'on ait abaissé la dernière tranche.

On trouvera, d'après cela, que la racine carrée de

<pre>
  5.00   est │ 22,36
  4   │────────
 ─────   │
 10.0   │ 42   443   4466
 84   │   2   3   6
 ─────   │ ────   ─────   ──────
160.0   │ 81   1329   26796
1329
─────
2710.0
26796
─────
  304
</pre>

La longueur de l'échelle devrait donc être de 22^m,36.

Appl. XXXVII.

Quelle est la longueur du talus inférieur d'un rempart qui aurait 8,^{m}5 de base et 4,^{m}6 de hauteur ?

Il faut, comme dans l'application qui précède, ajouter

Le carré de 8^m, 5, ou . . . .   72,$^{m\ q}$ 25

Avec le carré de 4,^{m} 6, ou . . . .   21,$^{m\ q}$ 16

La somme . . . .   93,$^{m\ q}$ 41

sera le carré de la longueur du talus et $\sqrt{93,41} = 9,^m6$ sera, à moins d'un décimètre près, la longueur demandée.

7ᵉ Leçon.

Appl. XXXVIII.

Quelle sera la force de la garnison d'une redoute carrée dont la longueur de la crête est de 12 mètres par chaque côté, la réserve étant le $\frac{1}{3}$ de la garnison et sachant que l'ont doit placer 2 hommes par mètre courant de banquette?

La redoute carrée est un ouvrage de fortification dont le tracé n'est autre chose que le carré géométrique ; à chaque côté de ce carré on élève un parapet en terre ; de cette manière on obtient un emplacement fermé de toutes parts par des masses couvrantes, et protégé par elles des feux venant du dehors. Sur la banquette on place les soldats chargés de défendre les abords de l'ouvrage. On comprend donc que le nombre des défenseurs doit être proportionné aux dimensions de la redoute.

Puisque la réserve placée à l'intérieur est le $\frac{1}{3}$ de la garnison, il s'ensuit que les $\frac{2}{3}$ seulement sont placés sur la banquette. Le périmètre du carré est de 12ᵐ $\times$ 4 $=$ 48 mètres ; 2 hommes étant placés par chaque mètre, il s'ensuit que 96 hommes occuperont toute l'étendue de la banquette.

Ces 96 hommes ne représentent que les $\frac{2}{3}$ de la garnison ; par conséquent, si à 96 j'ajoute 48, moitié de 96, j'obtiens 144, qui représente le nombre d'hommes dont se compose la garnison

Appl. XXXIX.

Insérer entre les côtés d'un angle A B C une droite parallèle et égale à une droite donnée M N.

Tirez 1º par le sommet B, la droite B K parallèle et égale à M N ; 2º par l'extrémité K, la droite K Q parallèle au côté B A, laquelle coupe le côté B C en Q ; 3º par le point Q, la droite Q R parallèle à B K ; c'est la droite cherchée ; car, la figure B K Q R étant un parallélogramme, on a R Q $=$ B K $=$ M N.

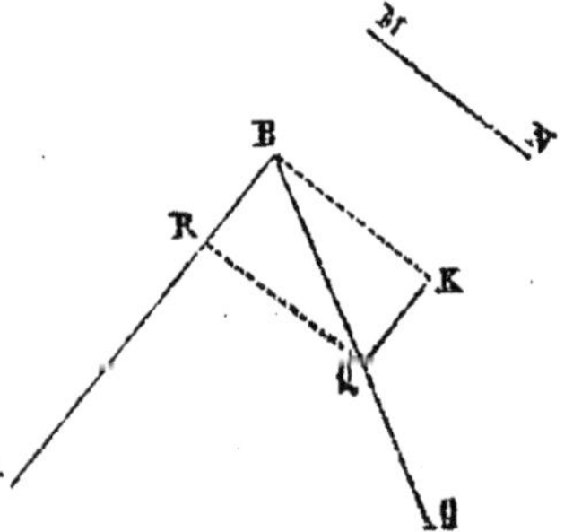

Appl. XL.

*Construire un parallélogramme, connaissant les côtés adja-
cents M, N, et l'angle compris V.*

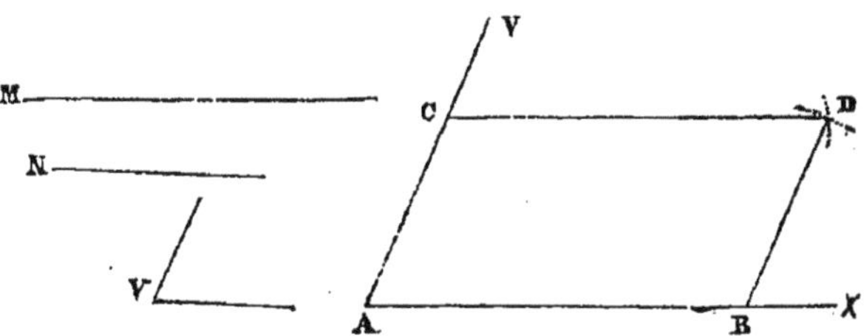

Faites l'angle XAY = V; prenez A B = M et A C = N; puis, des
points B et C comme centres, et avec des rayons égaux à M et N,
décrivez deux arcs qui se coupent. La quadrilatère ABCD sera un
parallélogramme, puisque, par construction, le côté A B = C D,
et le côté A C = B D; ce parallélogramme remplit d'ailleurs les
trois conditions de l'énoncé.

On peut, à l'aide de la même construction, faire, 1° un losange
dont on connaît un côté et un angle; 2° un rectangle dont
on connaît deux côtés adjacents; 3° un carré dont on connaît le
côté.

Appl. XLI.

Construire un trapèze, connaissant les quatre côtés.

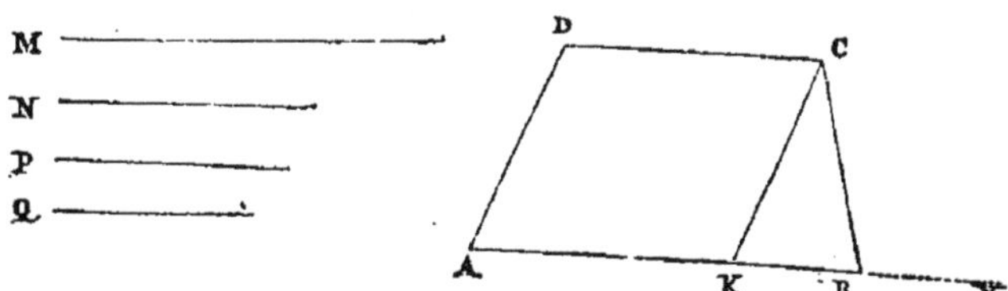

Soient M, N, les côtés parallèles et P, Q, les deux autres côtés.
Sur une droite indéfinie A X, prenez A B = M, A K = N, et construisez le triangle K B C ayant pour côtés, 1° K B la différence des
lignes M et N, 2° K C = P, 3° B C = Q. Par les points A, C, menez
les parallèles A D, C D, aux droites K C et A B, et vous aurez le

trapèze cherché. En effet, par construction A B = M , B C = Q , et parce que les parallèles comprises entre parallèles sont égales , C D = A K = N , et A D = K C = P.

Nota. Ce problème n'est possible que lorsque le triangle K B C existe , c'est-à-dire lorsqu'on a M-N < P + Q et > P-Q.

Appl. XLII.

Diviser une ligne en parties proportionnelles à des lignes données.

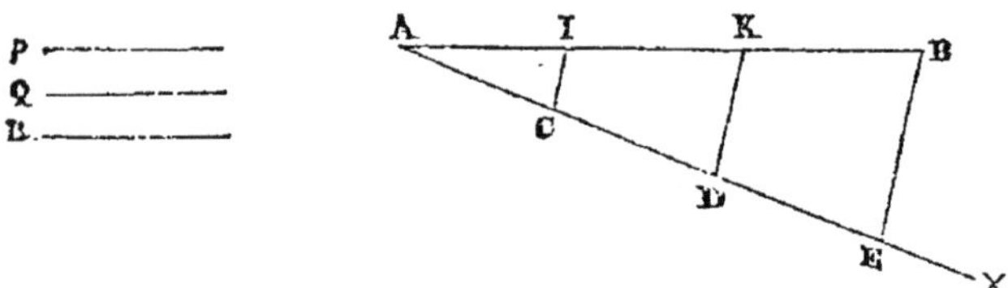

Soit proposé de diviser la ligne A B en parties proportionnelles aux lignes données P , Q , R. Par l'extrémité A , tirez sous un angle quelconque la ligne indéfinie A X ; prenez A C = P , C D = Q , et D E = R ; joignez les extrémités B , E , et par les points D et C menez D K , C I , parallèles à B E ; la ligne A B sera divisée en parties A I , I K , K B , proportionnelles aux lignes données P , Q , R.

Car , à cause des parallèles C I , D K , E B , les parties A I , I K , K B sont proportionnelles aux parties A C , C D , D E , et , par construction , celles-ci sont égales aux lignes données P , Q , R.

Appl. XLIII.

Trouver une quatrième proportionnelle aux trois lignes A , B , C.

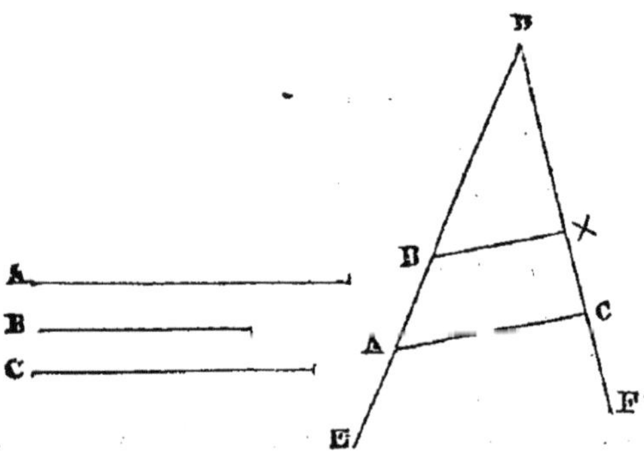

Tirez les deux lignes indéfinies D E, D F, sous un angle quelconque. Sur D E prenez D A = A et D B = B, et sur D F prenez D C = C ; joignez A C, et par le point B menez B X parallèle à A C ; D X sera la quatrième proportionnelle demandée.

En effet, puisque B X est parallèle à A C, on a la proportion D A : D B :: D C : D X ; or, les trois premiers termes de cette proportion sont égaux aux trois lignes données ; donc D X est la quatrième proportionnelle demandée.

APPL. XLIV.

Déterminer les points du prolongement de la capitale d'un bastion.

On prendra sur les prolongements B D, B E, des deux faces C B, A B, deux points quelconques D et E, et ayant mesuré B D et B E, on mesurera aussi D E ; alors, comme la capitale divise l'angle A B C et son opposé DBE en deux parties égales, on aura la proportion :

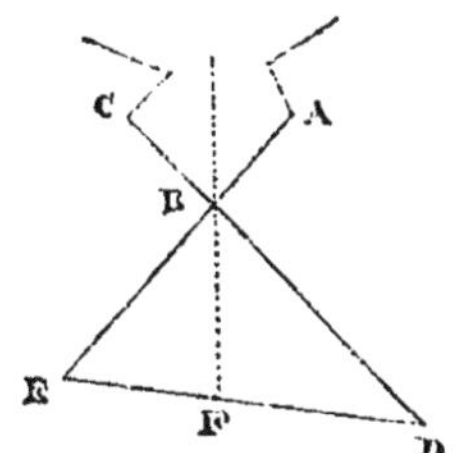

$$DB : BE :: DF : EF$$

ou, d'après ce qui a été démontré en arithmétique (148),

$$DB + BE : BE :: DF + EF \text{ ou } DE : EF.$$

On aura donc EF, et, par conséquent, le point cherché.

APPL. XLV.

Mesurer la hauteur d'un édifice par son ombre.

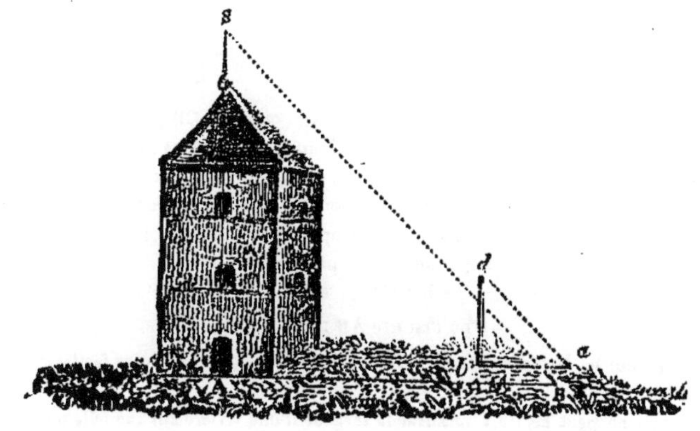

Soit AB l'ombre de l'édifice dont on veut connaître la hauteur. On placera verticalement en terre un bâton bd, et soit ba l'ombre de ce bâton. Si l'on appelle X la hauteur du point culminant de l'édifice, L la longueur de son ombre, b la hauteur du bâton, et l la longueur de son ombre, on aura la hauteur cherchée X par la proportion :

$$l : b :: L : X.$$

En effet, d'après le principe de physique que les rayons solaires sont parallèles, les rayons S B, da, sont parallèles, et forment avec les verticales S A, db, des angles égaux ; mais les triangles S A B, dba, sont rectangles ; donc ils sont semblables et donnent la proportion qui précède.

On voit qu'il faut, ainsi que l'indique la figure, mesurer l'ombre non pas à partir du pied de l'édifice, mais à partir du pied A de l'axe de l'édifice.

Outre ce procédé il en existe plusieurs autres ; nous croyons pouvoir nous dispenser de les donner ici, pour ne pas trop multiplier les applications.

APPL. XLVI.

Déterminer sur le terrain la distance d'un point accessible à un point inaccessible.

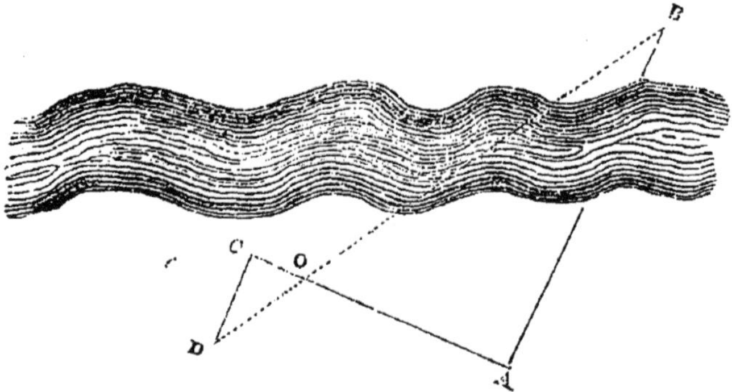

On mène AC perpendiculaire à AB ; au point C on mène CD perpendiculaire à AC et de sens opposé à A B ; puis on plante sur A C un piquet O dans l'alignement des points B et D, et les deux triangles A B O, C D O, ainsi formés, sont équiangles. En effet, l'angle C = A comme droits, l'angle D = B comme alternes internes, et le troisième de l'un est égal au troisième de l'autre comme opposés au sommet ; les deux triangles sont donc semblables, et en les comparant on a la proportion :

$$AB : CD :: AO : CO$$

$$\text{d'où l'on tire } AB = \frac{CD \times AO}{CO}.$$

En mesurant les lignes accessibles CD, A O et C O, on en déduira facilement la distance A B.

Ce problème peut servir à mesurer la largeur d'une rivière sur laquelle on se proposerait de jeter un pont.

Appl. XLVII.

Déterminer la distance MP qui sépare deux points inaccessibles.

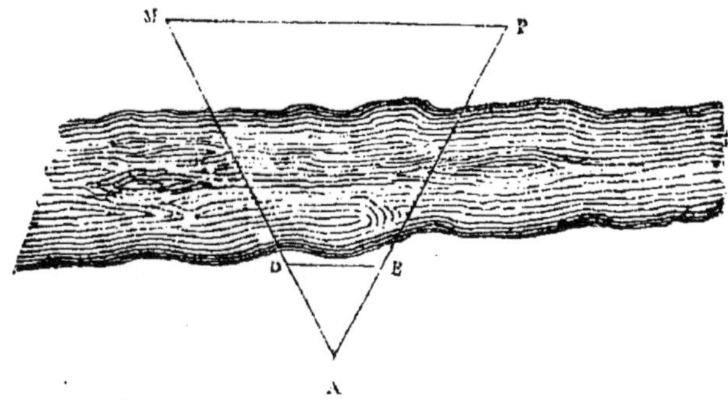

On choisit convenablement sur le terrain un point A , duquel on puisse apercevoir les points M , P ; cela fait, on détermine les longueurs A M , A P, par le procédé indiqué précédemment ; les alignements de ces deux lignes étant jalonnés, on prendra sur A P une longueur arbitraire AB ; puis, sur A M , une deuxième longueur AD, telle qu'on ait la proportion AP : AM :: AB : AD ; si l'on joint B D , le triangle A D B sera semblable au triangle MPA , puisqu'ils ont un angle égal compris entre côtés proportionnels ; en mesurant D B , on trouvera M P par la proportion :

$$AB : DB :: AP : MP$$

d'où l'on tire $MP = \dfrac{DB \times AP}{AB}$.

On remarquera que DB est parallèle à MP ; par conséquent, ce problème peut servir à mener par le point D une parallèle D B à une direction inaccessible M P.

8ᵉ et 9ᵉ Leçons.

—

Appl. XLVIII.

Quelle est la superficie d'une baraque de 16 hommes, dans laquelle les hommes se trouvent placés sur deux rangées, sachant que chaque homme occupe 3 pas en long et 1 pas en large, que, de plus, une rue d'un pas sépare les deux rangées ?

Puisque chaque homme occupe 3 pas en longueur, il en résulte que deux hommes placés vis-à-vis l'un de l'autre occuperont 6 pas ; une rue de 1 pas les sépare, la largeur de la baraque sera donc de 7 pas. Dans chaque baraque il y a des hommes à droite et à gauche ; il s'ensuit donc que 8 hommes formeront la longueur de la baraque, qui sera de 8 pas.

La superficie de la baraque devant être exprimée en mètres carrés, je convertis les pas en mètres, ce qui fait $4,^m66$ de large et $5,^m33$ de long ; sa superficie est donc de $4,66 \times 5,33 = 24,^{mq}83.78$.

Appl. XLIX.

Les dimensions des baraques varient suivant la nature des matériaux ; en général, on doit préférer les plus grandes. *On vient de voir que les baraques pour 16 hommes ont $4,^m66$ sur $5,^m33$; les baraques pour 20 hommes ont $4,^m66$ sur $6,^m66$; quelle est la différence des surfaces de ces deux espèces de baraques ?*

Surf. des baraq. pour 20 homm. $= 4,^m66 \times 6,66 = 31,^{mq}03.56$

— 16 homm. $= 4,^m66 \times 5,33 = 24,^{mq}83.78$

Différence cherchée . . . $6,^{mq}19.78$

On remarquera que les baraques ont toujours leur grand côté parallèle au front de bandière, leur ouverture sur la rue à gauche.

Appl. L.

Les rectangles enveloppes pour paquets de 10 cartouches à balles d'infanterie ont environ $0,^m325$ de long sur $0,^m190$ de large ; pour cartouches sans balles environ $0,^m255$ sur $0,^m140$; on demande combien il faudrait de mètres carrés de papier pour envelopper 100 paquets de cartouches des uns et des autres ?

Surf. du rect. de la 1re catég. $= 0,^m325 \times 0,^m190 = 0,^{mq}06.17.50$

— 　　　　2e catég. $= 0,^m255 \times 0,^m140 = 0,^{mq}03.57.$

En multipliant par 100 chacun de ces produits, on aura pour les cartouches à balles :

$$0,^{mq}06.17.50 \times 100 = 6,^{mq}17.50$$

et pour les cartouches sans balles :

$$0,^{mq}03.57 \times 100 = 3,^{mq}57.$$

Appl. LI.

Les dimensions des trapèzes pour cartouches d'infanterie sont les suivantes :

Cartouches à balles . . . . $0,^m140$ haut. moy. ; $0,^m120$ grande base (max.); 0^m060 pet. base.

Cartouch. d'exerc. sans balles. $0,^m105$ haut. moy. ; $0,^m115$ grande base (max.); $0,^m060$ pet. base.

On demande combien la feuille de $0,^m530$ sur $0,^m420$ fournit de trapèzes pour cartouches à balles et sans balles ?

Surface du trapèze des cartouches à balles $= \left(\frac{0,120 + 0,060}{2}\right) 0,140$ $= 0,090 \times 0,140 = 0,^{mq}01.26.$

Surface du trapèze des cartouches sans balles $= \left(\frac{0,115 \times 0,060}{2}\right)$ $0,105 = 0,0875 \times 0,105 = 0,^{mq}00.91.87.$

La surface de la feuille $= 0,^m530 \times 0,^m420 = 0,^{mq}22.26.$

On aura donc pour le nombre de trapèzes pour cartouches à balles : $0,2226 : 0,0126 = 18$ trapèzes environ ;

Et pour le nombre de trapèzes pour cartouches sans balles : $0,2226 : 0,009187 = 24$ trapèzes à peu de chose près.

Appl. LII.

L'ancien pont des Invalides était un rectangle de $117,^m8$ de longueur sur $8,^m1$ de largeur ; on demande combien d'hommes il *pouvait contenir, sachant que chaque mètre carré contient 6 hommes très-foulés ?*

Il faut d'abord chercher la surface en mètres carrés du pont en multipliant sa longueur par sa largeur, et l'on a $117,^{m}8 \times 8,^{m}1 = 954,^{mq}18$.

Chaque mètre carré pouvant contenir 6 hommes, le pont en aurait contenu $954,18 \times 6 = 5725$.

En multipliant ce dernier nombre par 75 ^{kos}, poids moyen d'un homme, on obtiendrait pour le maximum de la charge que le pont pouvait supporter en hommes 429375 ^{kos}. Ce nombre représente le poids dont on aurait dû charger le pont en différents endroits pour en essayer la solidité.

Appl. LIII.

Il a fallu 11 litres de blé pour ensemencer un champ triangulaire de 45 mètres de base sur 22 de hauteur ; combien en faudra-t-il pour ensemencer un champ rectangulaire de 62 mètres sur 20.

On a pour la surface du triangle $45 \times \frac{22}{2} = 495^{mq}$,
Et pour celle du rectangle . . . $62 \times 20 = 1240^{mq}$.

La surface du triangle et celle du rectangle étant trouvées, la question se réduit à une règle de trois simple.

Si pour 495^{mq} il a fallu. . . . . 11 litres de blé,
Pour 1^{mq} il en faudra 495 fois moins, ou. $\frac{11}{495}$
Et pour 1240^{mq} il en faudra 1240 fois plus, ou $\frac{11 \times 1240}{495} = 27,^{lit}55$.

Appl. LIV.

Un champ a la forme d'un trapèze dont les bases parallèles sont 175^{m} et 78^{m}, et la hauteur 54^{m}.

On demande quel est le rapport approximatif de ce champ cultivé en pommes de terre, sachant :

1º *Que les frais de culture sont les $\frac{6}{10}$ du produit brut ;*
2º *Que le produit moyen est de 280 hectolitres par hectare ;*
3º *Que le prix moyen de vente est de 4 francs par hectolitre.*

Le champ étant un trapèze, on en trouvera la surface carrée en multipliant la demi-somme des bases parallèles par la hauteur, et l'on aura : $\left(\frac{175 + 78}{2}\right) 54 = 6831^{mq}$.

L'hectare ou 10000^{mq} rapportant . . . . . . 280 hectolitres ;

1^{mq} rapportera 10000 fois

moins, ou . . . . . $\frac{280}{10000}$

Et 6831^{mq} rapporteront 6831

fois plus, ou . . . . $\frac{280 \times 6831}{10000} = 191,^{hect}27.$

Ce dernier nombre étant multiplié par 4, on aura pour le produit brut 765,ʳ08, valeur qui, réduite de $\frac{6}{10}$, donnera 306,ʳ04 pour le produit net du champ.

Appl. LV.

Construire une redoute, ou plutôt déterminer le côté intérieur d'une redoute capable de renfermer 500 fantassins ; chaque fantassin exige $\frac{3}{2}$ de mètre carré de place.

Puisqu'un fantassin occupe $\frac{3}{2}$ de mètre carré, 500 fantassins occuperont $\frac{3}{2} \times 500 = \frac{1500}{2} = 750^{mq}.$

Par conséquent, le côté de la redoute sera égal à $\sqrt{750} = 27,^m38.$

Appl. LVI.

Quel serait le nombre d'hommes que pourrait contenir une redoute circulaire dont le rayon serait de 10 mètres, sachant que chaque homme occupe $\frac{3}{2}$ de mètre carré ?

Les redoutes affectent quelquefois la forme circulaire. Cette forme est analogue à la forme défensive que prennent les tirailleurs détachés et qui se voient forcés de se rassembler en masse et promptement pour résister à une charge de cavalerie qui les menace de près. La redoute circulaire a des inconvénients qui dépendent de considérations de fortification dans lesquelles nous n'entrerons pas ici.

La surface du cercle est, comme l'on sait, représentée par πR^2 ; or, la valeur de π est de 3,141 ; celle de R est de 10 mètres ; celle de R^2 sera donc 100 mètres, et la surface du cercle sera représentée par 314,^{mq}10. Par conséquent, autant de fois $\frac{3}{2}$ de mètre carré seront contenus dans 314,^{mq}10, autant la redoute pourra contenir de défenseurs. Le résultat est 209 hommes, qui constitueront la garnison de la redoute.

Appl. LVII.

Quelle est la surface de terrain occupée par une lunette dans laquelle la ligne de gorge est de 20 mètres, la longueur des

*flancs de 12 mètres, et celle de la partie de la capitale comprise
entre le saillant et la ligne de gorge de 30 mètres ?*

La lunette est l'ouvrage de fortification le plus employé ; il se compose d'un redan
auquel l'on ajoute deux flancs ; ici les deux flancs sont parallèles à la capitale. La capitale
est une ligne fictive qui partage en deux l'angle saillant et qui est perpendiculaire sur la
ligne de gorge.

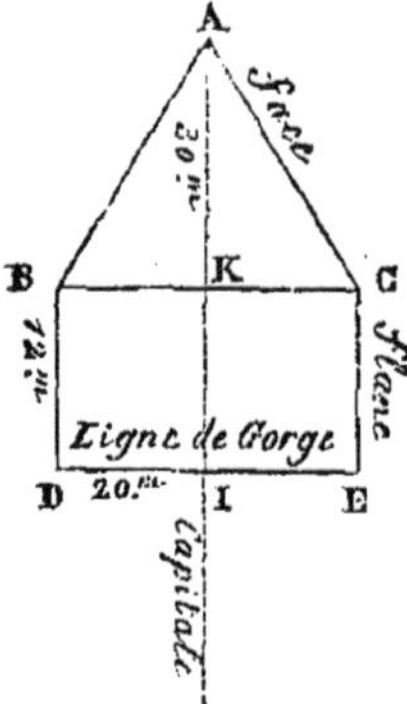

Pour résoudre le problème, je joins le point B au point C, et
je décompose ainsi la lunette en deux figures : le triangle A B C et
le rectangle B C D E ; il est très-facile d'évaluer la surface de ces
deux figures.

Surface du triangle A B C $= \frac{BC}{2} \times AK = \frac{BC}{2} (AI - BD) = \frac{20}{2} (30 - 12)$
$$= 10 \times 18 = 180^{mq}$$

Surface du rectangle B C D E $= DE \times BD = 20 \times 12 = 240$

D'où il résulte que la surface de la lunette. . . . . . . $= 420^{mq}$

Appl. LVIII.

*Déterminer la surface de la figure X représentant le profil
d'un ouvrage de fortification.*

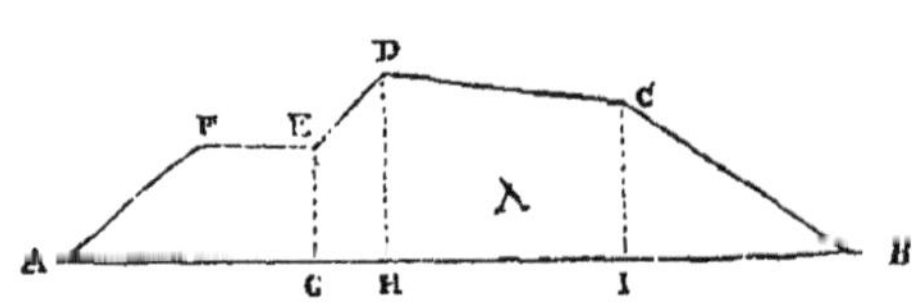

$$EG = 1,^{m}30$$
$$DH = 2,^{m}50$$
$$CI = 2,^{m}00$$
$$HI = 3,^{m}00$$
$$EF = 1,^{m}20$$
$$AG = 2,^{m}50$$
$$GH = 0,^{m}43$$
$$IB = 2,^{m}00$$

On aura :

$$\text{Surface AFEG} = \left(\frac{EF + AG}{2}\right) EG = \left(\frac{1{,}20 + 2{,}50}{2}\right) 1{,}30 = 2{,}^{mq}40{.}50.$$

$$\text{Surface EDHG} = \left(\frac{EG + DH}{2}\right) GH = \left(\frac{1{,}30 + 2{,}50}{2}\right) 0{,}43 = 0{,}^{mq}81{.}70.$$

$$\text{Surface HDCI} = \left(\frac{DH + CI}{2}\right) HI = \left(\frac{2{,}50 + 2}{2}\right) 3 = 6{,}^{mq}75.$$

$$\text{Surface CIB} = CI \times \frac{IB}{2} = 2 \times \frac{2}{2} \ldots \ldots = 2$$

$$\text{Surface du polygone X} \ldots \ldots \ldots \ldots \ldots \ldots 11{,}^{mq}97{.}20.$$

10e et 11e Leçons.

Appl. LIX.

Dans la nuit de l'ouverture de la tranchée et dans un terrain ordinaire, en 8 heures, un travailleur de l'infanterie excave communément 1,^m65 de parallèle sur 1,^m30 de largeur et 1 mètre de profondeur; quelle est la quantité de terre qu'il enlèvera par heure ?

Si en 8 heures il excave 1,^m65 × 1,^m30 × 1^m = 2,^{mc}145, en 1 heure il devra avoir excavé 8 fois moins ou 2,^{mc}145 : 8 = 0,^{mc}268.

Appl. LX.

On demande combien il faudra employer d'hommes pour creuser en 5 heures une portion de tranchée de siége de 50,^m12 de long sur 3,^m08 de large et 2 mètres de profondeur, en supposant qu'un homme puisse creuser et rejeter en parapet 1^{mc},620 par heure ?

Le volume du fossé = 50,^m12 × 3,^m08 × 2^m = 308,^{mc}739.

Un homme creusant dans une heure 1,^{mc}620, creusera dans 5 heures 1,^{mc}620 × 5 = 8,^{mc}100.

Le nombre d'hommes à employer sera le quotient de 308,^{mc}739 : 8,^{mc}100 = 38.

Appl. LXI.

Combien de mètres cubes d'air chaque homme a-t-il dans une baraque de 8 hommes ?

La baraque de 8 hommes n'est que la moitié de celle de 16 hommes, avec cette différence que la rue, au lieu d'être d'un demi-pas, est d'un pas. Ses dimensions sont donc : 4 pas ou 2,^m66 de large sur 8 pas ou 5,^m33 de long. Le toit ne se trouve que d'un côté et remplit les mêmes conditions que celui de la baraque de 16 hommes.

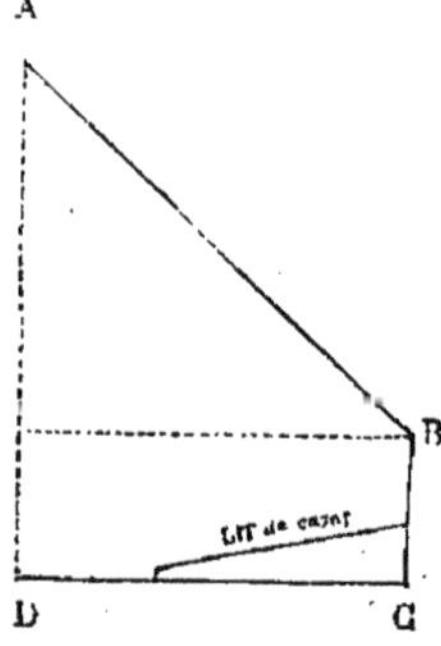

Je puis considérer la baraque comme un prisme quadrangulaire droit, dont la base serait le trapèze A B C D et la hauteur, la profondeur, c'est-à-dire 5,^{m}33.

Le volume d'un prisme droit est égal au produit de sa base par sa hauteur; j'aurai donc :

Surface A B C D $\times$ 5,33.

Or, surface A B C D $= \left(\frac{B\,C + A\,D}{2}\right)$ C D $= \left(\frac{1 + 3.33}{2}\right)$ 2,66 $= 4,33 \times$ 1,33 $= 5,$^{mq}75 . 89.

Donc, vol. de la baraq. $= 5,$^{mq}75 . 89 $\times$ 5,^{m}33 $= 30,$^{mc}694 . 937.

Chaque homme aura donc : 3,^{mc}836 . 867 d'air.

Appl. LXII.

Exprimer en litres la capacité d'un cylindre ayant 2,^{m}50 de hauteur et 1,^{m}40 de diamètre.

Le diamètre du cylindre étant 1,^{m}40, son rayon sera $\frac{1,^m40}{2} = 0,$^{m}70

La surface du cercle qui lui sert de base étant égale au produit du rapport de la circonférence au diamètre par le carré du rayon, on aura :

Surface du cercle $= \pi R^2 = 3,14 \times 0,$^{m}70$^2 = 3,14 \times 0,$^{mq}49 $=$ 1,^{mq}53 . 86.

Donc le volume du cylindre $= 1,$^{mq}53.86 $\times$ 2,^{m}50 $= 3,$^{mc}846.500 $= 3846,$^{litres}5.

Appl. LXIII.

On veut construire une butte en terre pour le tir des canons d'un polygone; cette butte aura la forme d'une pyramide quadrangulaire, dont la base serait un carré de 12 mètres de côté et dont la hauteur serait de 18 mètres. On demande quel sera le volume de terre dont on aura besoin pour la construction de cette butte?

Pour résoudre ce problème, il suffit de calculer le volume de la pyramide proposée, qui est égal au produit de sa base par le $\frac{1}{3}$ de sa hauteur; or, la base est égale à 144 mètres carrés; le volume est donc $\frac{144^{mq} \times 18}{3} = 864$ mètres cubes.

Il faudra, en conséquence, 864 mètres cubes de terre.

Appl. LXIV.

On sait que les tentes réglementaires sont terminées par deux culs-de-lampes, qui sont chacun 1/2 cône, dont la base sera un 1/2 cercle de 2 mètres de rayon et la hauteur de 2 mètres. Quel est le volume d'air contenu par chacun d'eux ?

Le volume du cône est égal au produit de sa base multiplié par le $\frac{1}{3}$ de sa hauteur ; or, le cercle de base a pour mesure :

$$\pi R^2 = 3{,}141 \times 4 = 12^{mq}56.40.$$

Donc le cône aura pour volume :

$$12{,}^{mq}56.40 \times \frac{2}{3} = 8{,}^{mc}376.$$

Le volume d'air contenu dans chaque cul-de-lampe est donc la moitié, ou 4,^{mc}188.

Appl. LXV.

Calculer le volume d'un boulet de 12 dont le diamètre est de 0,^{m}119.

Le volume de la sphère est représenté par $\frac{4}{3} \, \overline{\pi R}^{3}$.

On a pour la longueur du rayon du boulet : $\frac{0{,}^{m}119}{2} = 0{,}^{m}0595.$

On aura donc pour le volume du boulet proposé :

$$\tfrac{4}{3} \pi \, (0{,}0595)^3 = \left(\frac{4 \times 3.141}{3}\right) 0{,}00021064 = 4{,}188 \times 0.00021064 = {} = 0{,}^{mc}000.882.$$

Appl. LXVI.

Quel est le poids d'une barre de fer forgé ayant 0,^{m}05 de largeur et d'épaisseur et 2,^{m}568 de longueur ? (On sait que la densité du fer forgé est 7,788.)

La barre n'étant autre chose qu'un parallélipipède rectangle, son volume sera égal au produit de ses trois dimensions, et l'on aura :

Volume = 0,^{m}05 $\times$ 0,05 $\times$ 2,568 = 0,^{mc}006.420.

On obtiendra le poids de la barre en multipliant son volume en mètre cube par 7,788, pesanteur spécifique du fer forgé, et par 1000 k^{os}, poids d'un mètre cube d'eau (186) ; ce qui donnera :

Poids = 0,^{mc}006.420 $\times$ 7,788 $\times$ 1000 k^{os} = 49,^{kil}899.

APPL. LXVII.

Le diamètre d'un boulet est de 0,ᵐ15 ; on demande son poids, sachant que la densité du fer fondu est 7,20.

Le boulet étant une sphère, son volume sera exprimé par :

$$\tfrac{4}{3}\,\pi R^3 = \left(\tfrac{4 \times 3,14}{3}\right) 0,075^3 = 0,^{mc}001.767.$$

Le poids sera donc, d'après ce qui vient d'être dit :

$$\text{Poids} = 0,^{mc}001.767 \times 7,20 \times 1000\ \text{kos} = 12,^{kil}7224.$$

APPL. LXVIII.

L'obus de 22 est un projectile creux, dans lequel le diamètre est de 0,ᵐ221 ; le poids est les $\tfrac{2}{3}$ du boulet de même calibre plein. On propose de déterminer le volume de la chambre ou partie creuse, sachant que la densité de la fonte est de 7,20.

Cet obus pesant 22 kilogr., le poids du boulet plein sera donc de 33 kilogr. Pour résoudre le problème, il suffira de chercher quel sera le volume d'une sphère de fonte qui pèse 11 kilogr. Pour cela, je remarque que 11 kilogr. d'eau représentent un volume de 11 décimètres cubes ; par conséquent 11 kilogr. de fonte représentent un volume de 11 décimètres cubes divisés par 7,20, ou 1 décimètre cube 527 centimètres cubes, qui représentent bien le volume de la partie creuse de l'obus.

FIN.